中学生の質問箱

生まれてくるってどんなこと？

あなたと考えたい生と性のこと

川松泰美

平凡社

私たちの生きる社会はとても複雑で、よくわからないことだらけです。困った問題もたくさん抱えています。普通に暮らすのもなかなかタイヘンです。なんかおかしい、と考える人も増えてきました。

そんな社会を生きるとき、必要なのは、「疑問に思うこと」、「知ること」、「考えること」ではないでしょうか。裸の王様を見て、最初に「おかしい」と言ったのは大人ではありませんでした。中学生のみなさんには、ふと感じる素朴な疑問を大切にしてほしい。そうすれば、社会の見え方がちがってくるかもしれません。

中学生の質問箱

生まれてくるってどんなこと？

あなたと考えたい生と性のこと

もくじ

はじめに　4

第1部

生まれてくるってどんなこと？　7

1 私のいのちはどこからきたの？　8

2 私のいのちのもっと前は？　28

3 もっとさかのぼったら？　50

第2部

どうして「性」があるの？　73

1 「性」があるから「死」があるってどういうこと？　74

2 人間の男女はどうやってできるの？　87

第3部
社会的な性ってどんなもの？ 101
1 人間の性ってどんなもの？ 102
2 性別に縛られないってどういうこと？ 119
3 お金儲けとつながる性ってどんなもの？ 128

第4部
セックスするなら知っておきたいことってどんなこと？ 137
1 セックスってどんなことするの？ 138
2 セックスのリスクってなに？ 164
3 性暴力ってどんなこと？ 189
4 セックスって怖いもの？ 203

おわりに 212
相談窓口・情報サイト 218

はじめに

私たちはみんな、生まれてきてそして死にます。ひとりの例外もありません。誰もが知っていることですが、考えてみれば不思議です。数十年前、それまで存在しなかった私というういのちは、生まれ、今こうして生きて、存在していますが、いずれ死んで、存在しなくなります。あるとき現《あらわ》れて、やがて必ずなくなるいのち。人間の場合、多くが数十年の間存在して消えていきます。私たちは誰もが、気がついたらはじまっていたいのちある時間を生きて、死んでいく以外にありません。

私は小学校で教えています。30年くらい前から、いのちについて、子どもたちと一緒に考えてきました。

いのちって何だろう？　どうして私たちは生まれてくるんだろう？　わからないことだらけです。科学者たちもいのちについて懸命《けんめい》に研究してきました。おかげで、生命現象のさまざまなことが解明されつつあり、今では人間の遺伝子の組み合わせ（ゲノム）もすべて明らかになりましたし、誕生のプロセスも明らかにされ、お腹の中の胎児《たいじ》の様子をはっきり見ることもできるようになりました。ところが、科学による解明が進んでも、いいえ、科学による解明が進めば進むほど、ますますいのちの不思議さ、神秘を感じるのです。

不思議に満ちたいのちを私たちは生きている――。

そのいのちについて、知り、考えていくことは、当然、生きることについて考えることでもあります。

そして、私たちのいのちは、男性と女性、2人がいなければ次につなぐことができません。いのちを考えることは「性」を考えることでもあるのです。

あなたはこれから、「性」の問題とともに生きていくことになります。それなのに、「性」についてきちんと学ぶ機会はあまりありませんし、誰かに聞いたり話したりしにくいと感じているかもしれませんね。でも、「性」とは、それなしではいのちが途絶《とだ》えてしまう、なくてはならない「生」の一部です。

これから、「生」の一部としての「性」も含めて、「生命」について、あなたと一緒に考えていきたいと思います。

第1部

生まれてくるってどんなこと?

1 私のいのちはどこからきたの？

——私たちは生まれる前はどこからきて、死んだらどこへ行くの？

こうして生きている私たちが、どこから来て、どこへ行くのか、それは誰もが一度は不思議に思うことですよね。その答えを見つけるために、人間は昔からたくさんの物語や伝《でん》承《しょう》をつくりました。仏教やキリスト教など、宗教はその問いに対する答えをそれぞれに持っていますが、それだけではありません。日本の北方、かつては北海道にたくさん住んでいたアイヌと呼ばれる人々のカムイ・ユーカラからも、沖縄の人々が伝えるニライカナイ信仰からも、いえ世界中のどんな小さな民族・部族に伝わる話からもその問いに答えようとしたものを見ることができます。

私はこうした口承《こうしょう》で伝えられてきた信仰《しんこう》やお話を聞くのが大好きです。

でもきっとあなたが知りたいのはそんなお話ではなく、「本当はどこから?」「本当はどこへ?」ですよね……。残念ながらその答えは簡単には見つかりません。けれど、あなたがどこから来たのかを考えてみることはできます。

結論を急がず、一緒に考えてみましょう。

あなたは中学生? でも、とつぜん中学生としてこの世に存在したのではありませんね。だとしたらその前は? あなたがこれまで生きてきた歴史をさかのぼってみましょう。ゆっくり思い出してみてください。

中学生活は現在進行形で、すぐ思い出せるでしょう。では中学入学のときは? あなたはどんな気持ちだったでしょう。うれしかった? 不安だった? いろいろだったでしょうね。小学校時代の友だちがそばにいてホッとした? もしかしたら、またアイツと一緒かとがっかりしたなんてこともあるかもしれませんね。

小学校の卒業式は覚えていますか? 泣いちゃった? 私も卒業生を送るときはいつも涙が出てしまうのでとてもよくわかります。小学校時代の思い出といったら? 楽しかったこと、うれしかったこともいっぱい思い出されるでしょう。それは宿泊行事かな? 友だちとの遊びやおしゃべりかな? 運動会や学芸会での活躍を思い出した? それとも失敗やうまくいかなかった日の苦さがよみがえった?

家族やまわりの人とけんかしたこともあるはずです。怖かったこと、悲しかったこと、悔しかったこと、頭にきたこと、いろいろなことを経験してきたのだと思います。

さて、もっとさかのぼりましょう。小学校に入学する前は？　保育園や幼稚園でのことも少しは覚えていますか？　前後関係は思い出せないけど、ワンシーンなら強烈に覚えているということもありますね。楽しく遊んでいるところ？　お母さんに叱られているところ？　交通事故にあった驚きや、病気の苦しみかもしれません。

こうしてさかのぼってみても、あなたが覚えているのは3歳くらいまででしょう？　それより前は自分では覚えていませんね。でも、もちろん、それより前があります。あなたにはよちよち歩くちっちゃい子だったときがあり、もっとさかのぼると赤ちゃんだったときもあります。そのときのことは、誰かに聞いてみるしかありませんが、たったひとりで育ってきたという人はひとりもいません。

――赤ちゃんのころの写真に、体を洗われて大泣きしているのがあるよ。

そうやって、ひとりでは生きていけないあなたを、まわりの大人たちがおっぱいやミルクを飲ませたり、おむつをとりかえたり、寝かしつけたり……世話してくれたおかげで、あなたは育ってきた。そしてたとえあなたが覚えていなくても、そんな日々にも病気をしたり、けがをしたり、引っ越しをしたり……と、あなたにはあなたの歴史がちゃんとあるはずです。

そして、もう少しさかのぼれば、あなたが誕生したときに行き着きます。

生まれるとき、私もがんばってお母さんのお腹から出てきた

誕生――これは実にドラマティックな日です。人によってそのドラマはまったくちがいますから、まわりの大人に自分の誕生のエピソードを聞いてごらんなさい。そして友だちともエピソードを交換してみると面白いですよ。

あっという間に出てきそうになって病院の廊下《ろうか》でお母さんがあわてた話、助産院の畳《たたみ》の上で、お兄ちゃんがへその緒《お》を切ってくれた話、生まれたときすでに大病で、すぐに大きな手術をした話――それぞれあまりにもちがう話にびっくりするでしょう。なにしろ人生にとって誕生は最大のドラマのひとつなのですから（もうひとつは死ですね）。

でも、人によってちがうこのドラマティックな日に、共通していることがひとつあります。もちろんあなた自身は覚えていないでしょうが、それは、あなたがとっても苦しい思いをしながら、一生懸命《いっしょうけんめい》がんばってお母さんのお腹から出てきた、ということです。映画やテレビドラマなどでは、よくお母さんが苦しんでいる姿が出てきますが、出産のときがんばってへとへとになったのは、実はお母さんだけではなかったのです。あなた自身も、

本当によくがんばった‼　もちろん、あなた自身はそう言われてもピンとこないでしょうが、本当にそうなのです。

——知らなかった！

あなたは自分でがんばったから生まれてこられたのです。

お母さんのお腹の中にいたあなたがどんなふうに外に出てきたのか、その過程を見てみましょう。

生まれる直前、あなたは頭を下にしてお母さんの子宮《しきゅう》の中にいました。子宮というのは、文字通り子どもの宮殿、子どもにとって最高の場所です。子宮は羊水《ようすい》という水に満たされていて、あなたはその中に浮かんでいました。あなたのおへそは胎盤《たいばん》とつながっています。お母さんが呼吸して取り込んだ酸素《さんそ》、お母さんが食べて吸収した栄養を胎盤を通して受け取り、あなたの出す老廃物《ろうはいぶつ》は胎盤を通してお母さんの体に受け取ってもらって、ここまで大きく育ったのです。

けれど、お母さんのお腹はもうぱんぱんです。それまで居心地《いごこち》のよかった子宮も、あなたにとって窮屈《きゅうくつ》になってきました。これ以上ここにいるわけにはいきません。外に出るときがくると、あなたはお母さんに信号を送って、いよいよ誕生へのプロセスを歩みはじめます。

あなたの頭が下を向いているのは、足を下にした状態ではとても生まれにくいからです。外に出るにはとっても狭いお母さんの産道を通らなければなりません。あなたの体のどこがいちばん大きいかといえば、頭。その頭をまず通すのです。

子宮から出ると、お母さんの骨盤《こつばん》の間に入ります。狭いところを、あなたはネジのように回りながら進みます。はじめはあごを胸につけて体を小さくして。このとき、あなたの頭蓋骨《ずがいこつ》は3つに割れてスライドして重なりあい、頭をほそながくします。お母さんの骨盤の形にあわせて変形するのです。骨盤もあなたが通りやすいように継《つ》ぎ目がやわらかくなります。

この間、あなたは文字通りいのちがけです。うまく回れなくても出られないし、頭の向きがちがっても出られません。狭い産道の途中でひっかかって動けなくなってしまうこともあるのです。酸素が足りなくて苦しくなることもあります。子宮の中であなたに栄養や酸素を送り込んでいた胎盤は、あなたが外に出て生まれて初めて肺で呼吸をするまで、あなたに酸素を供給しつづけますが、あなたを押し出すためにお母さんの子宮が強く収縮《しゅうしゅく》すると、胎盤に送られるお母さんの血液が少なくなって、あなたに十分な酸素が届かなくなることもあるからです。

こんなに苦しい思いをして骨盤を抜けると、あなたはお母さんの背中のほうに顔を向けます。そしてあごをあげ、頭をそらせながらお母さんの恥骨《ちこつ》の下をくぐり抜けます。もうお母さんの股《また》の間からあなたの顔が見えています。もうひとがんばり。頭全部が外に出たら、あなたは横向きの姿勢にもどりながら肩を片方ずつ出し、体が出てきてようやくフィニッシュ！　子宮から出はじめてすっかり外に出るまで、数時間から半日以上の大仕事を経て、あなたは胎児から赤ちゃん（新生児）になったのです。

——苦しそう！

実は、生まれてくるときが人間にとっていちばん苦しいときだそうです。生まれ出たあとこれより苦しい思いをすることはない、人生で最大のストレスなのだそうです。

生まれたばかりのあなたは、まだへその緒を通してお母さんのお腹の中の胎盤とつながっています。その胎盤も出てきます（後産《あとざん》といいます）。胎盤は直径20センチくらいの大きさです。へその緒は助産師さんが切って縛ってくれます。そこがおへそになるのは知ってますね？　へその緒や胎盤は、子宮の中で酸素と栄養をくれた命綱《いのちづな》でした。外へ出てこ

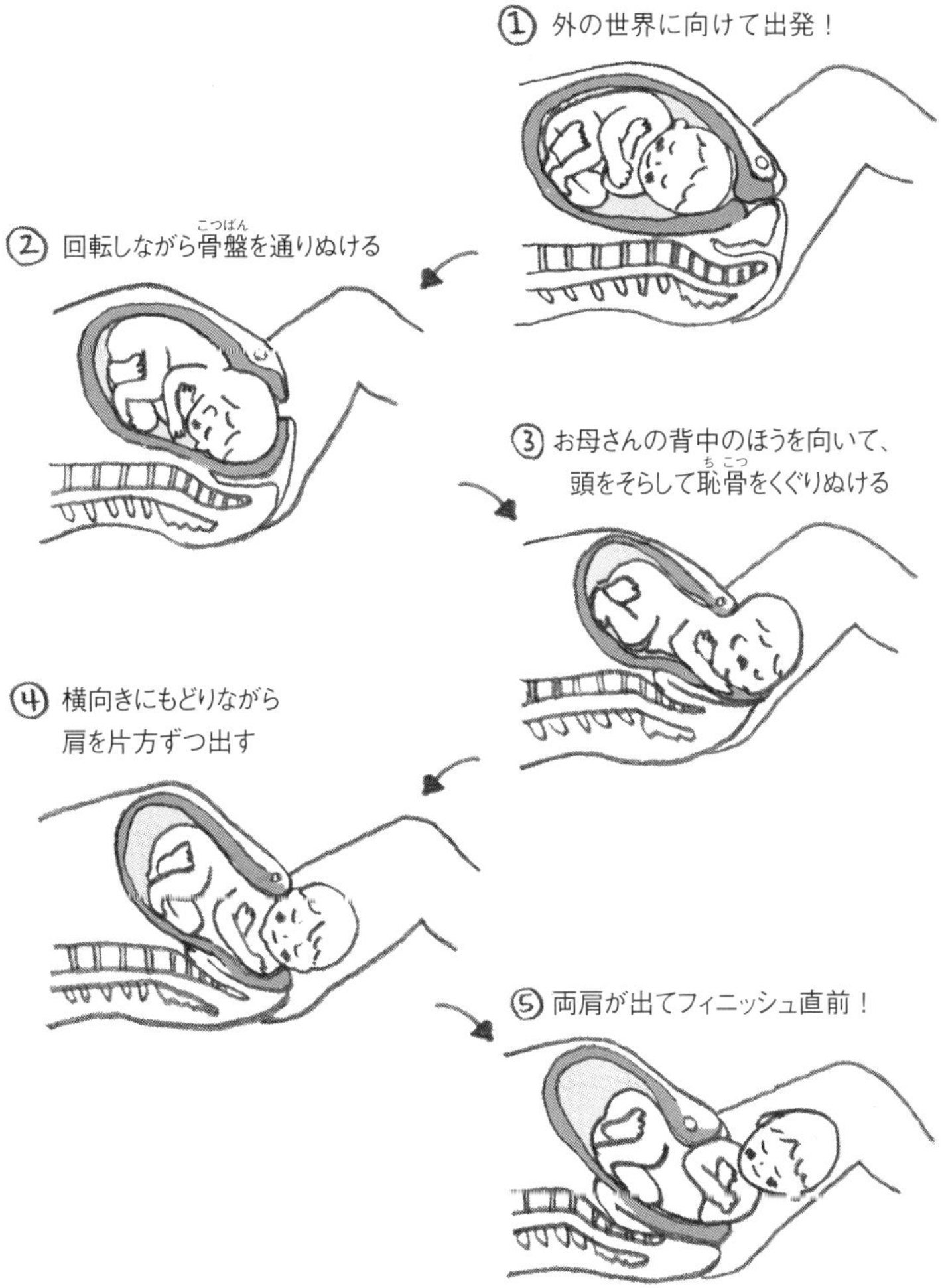
①外の世界に向けて出発！
②回転しながら骨盤《こつばん》を通りぬける
③お母さんの背中のほうを向いて、
頭をそらして恥骨《ちこつ》をくぐりぬける
④横向きにもどりながら
肩を片方ずつ出す
⑤両肩が出てフィニッシュ直前！

荒堀憲二・松浦賢長編『性教育学』朝倉書店より作成

こから切り離されたあなたは、もうひとりで生きていかねばなりません。

温かい羊水の中から急に外気にさらされ、自分で呼吸しなければならないのです。あなたは生まれてすぐに大きく息を吸い込みます。すると、肺に空気が入ってきますから、おぎゃあと泣いてはき出します。だからおぎゃあと泣くのは、肺呼吸がはじまったしるし。こうしてあなたは自分で生きていくための第一歩を踏み出しました。これからあなたの体の中では胎児特有の体の器官が、外界で生きていくための器官に急ピッチで変化していきます。心臓の構造も数週間かけて変わっていきます。

なかには帝王切開《ていおうせっかい》で生まれてきた人もいると思いますが、誕生のときが人生最大の困難であることには違いないでしょう。それまで守られてきたお母さんのお腹の中から、まったく環境のちがう外界に出て、自分の力で肺呼吸をしはじめるのですから。こんなに劇的《げきてき》な変化を乗り越えるのは一生にたったいちど、このときだけです。

生まれてくることは本当に困難なことなのです。私の娘が生まれるとき、娘の頭の向きがうまくいっていなくて、お医者さんに「あごが出てるからだめなんだ。あごひいて！」と言われたのを覚えています。もちろん、そう言われても娘にはわかりませんけれど。

このことを成人して就職活動中の娘に話したら、「私は人生で最大の難関《なんかん》をもう通り抜けてきたんだ。その話を聞いて元気がでた」と言っていました。

そう、あなたは、すでに人生最大の難関を乗り越えてきたのです。本当によかったですね。おめでとう！

——ありがとう！　ピンとこないけど、なんとなくうれしい。

さあ、もっとさかのぼっていきましょう。ここからは、お母さんのお腹の中のあなたです。生まれる直前＝妊娠《にんしん》10ヵ月のあなたは、身長約50センチ。体重約3キロ。500ミリリットル入りのペットボトルの水6本分くらいの重さ。もういつでも外に出られるくらいに育っています。

——ペットボトル6本って、けっこう重い……。

そう、お母さんも大変ですね。このころお母さんのお腹には、赤ちゃんの3キロに加えて、胎盤や羊水という赤ちゃんが浮かんでいる水の重さ約1キロ、あわせて約4キロくらいが入っていて、大きなお腹になっています。

どんどんさかのぼります。

妊娠7ヵ月のころ、あなたは身長約35センチ、体重約1～1・2キロ。体重は500ミリリットル入りのペットボトルの水2本分くらい。このころ脳《のう》が著《いちじる》しく発達します。

私が娘を妊娠しているとき、このころに出血して入院しました。医師から、「赤ちゃんが今出てくると生きられるかどうかは50％。だからできるだけ入れておきましょう。できるだけじっとしていてください」と言われました。学期末だったので、ベッドのうえで受け持ちの生徒たちの成績表を書いたことを覚えています。

医療の発達にともない、今では胎児が生まれて生きられる可能性が50％となるのは妊娠6ヵ月と言われています。それより前に生まれてきてしまうと、赤ちゃんが無事に生きていける確率はどんどん下がってしまうのです。

妊娠5ヵ月。あなたは身長約25センチ。体重約300グラム。

——生まれたときと比べて、身長は半分、体重は10分の1だ！

そんなに小さくてもあなたは、お母さんのお腹を内側から蹴飛ばしたり、元気に動いていたはずです。頭の向きもあっちを向いたりこっちを向いたり——。眠ったり起きたり、指しゃぶりまでしているそうです。元気に動けば、お母さんにもあなたが動いたことがわ

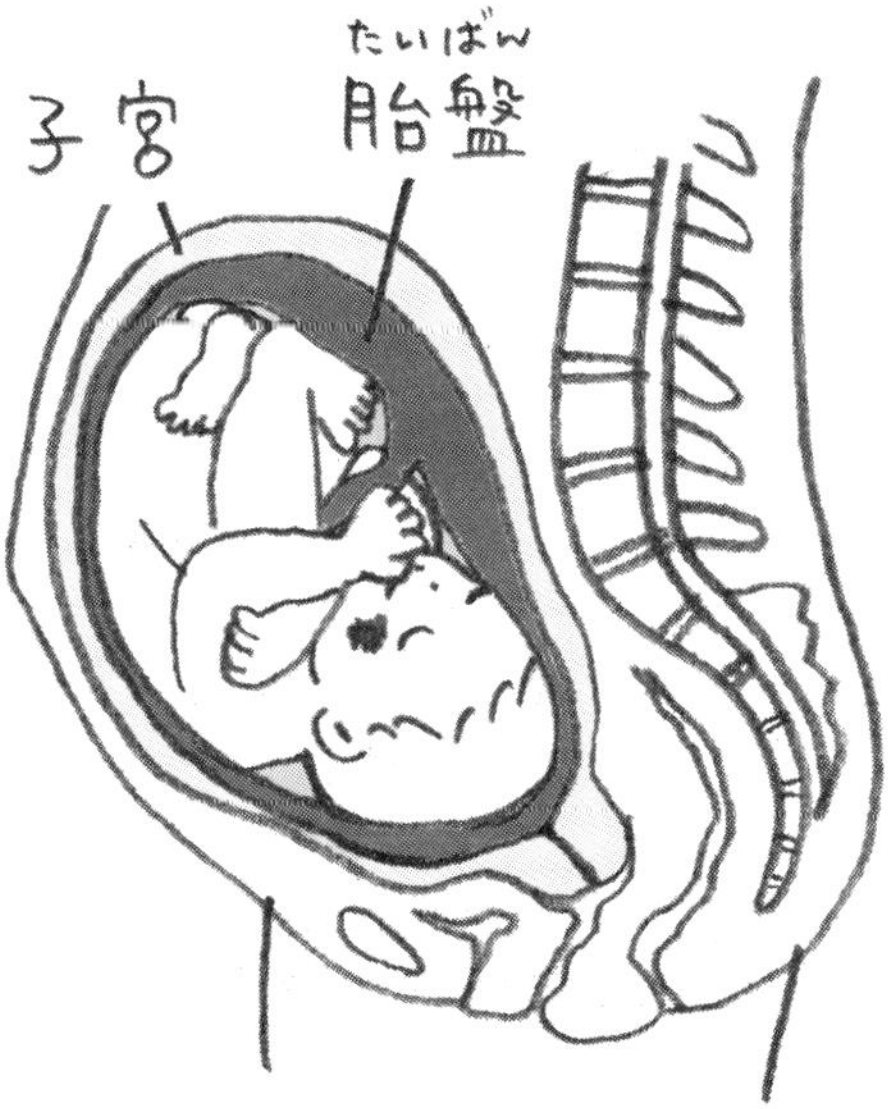

10ヵ月

身長 約50cm

体重 約 3kg

かります。あなたが動いたとき、お父さんに「さわってごらん」と言ったりしていたかもしれません。

妊娠4ヵ月は、胎盤ができあがったころです。胎盤を通して栄養や酸素、老廃物などをお母さんと受け渡しするしくみができて、ぐんぐん成長しています。

妊娠3ヵ月。あなたは身長約8〜9センチ。体重約30グラム。体重は2ヵ月後の10分の1、生まれるときの100分の1です。

30グラムといえば、100円玉6枚よりちょっと重いくらい。それでもちゃんと人間の形になっています。こんなに小さいですが、頭、胴体《どうたい》、手足の輪郭がはっきりしてきて、できかけの胎盤もあります。

——100分の1なのに、もう人間の形になってるなんてスゴイ!

ほんとうに! 妊娠2ヵ月はというと、あなたは身長約2〜3センチ。体重約4グラム。1円玉4枚分の重さです。こんなに小さいのに、このころ、心臓が鼓動《こどう》をはじめます。

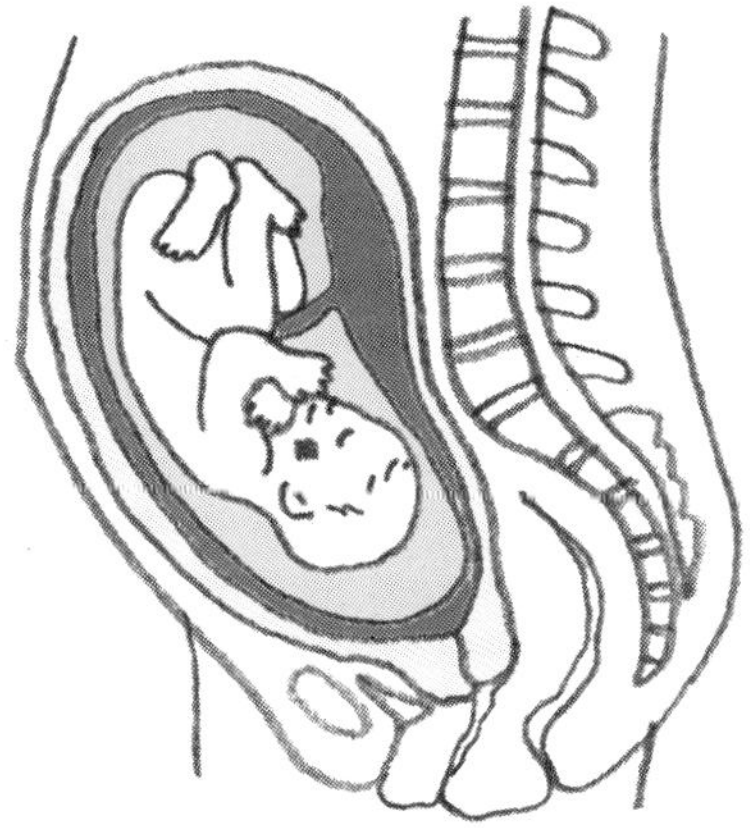

7カ月

身長 約35cm 体重約1～1.2kg

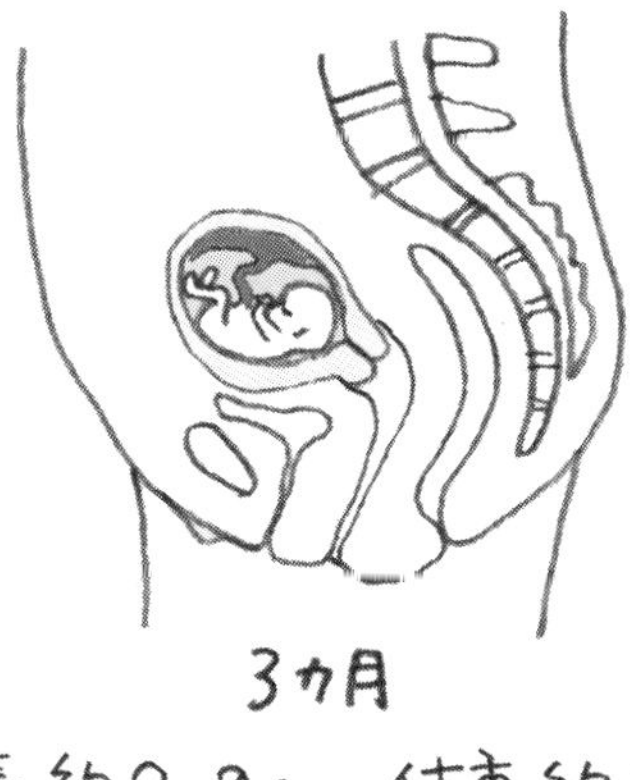

3カ月

身長約8～9cm 体重約30g

――えっ！　4グラムで心臓が動きだすの!?

そうなんです。75歳まで生きるとすれば、30億回といわれる鼓動のはじまりです。私は初めて妊娠を確認したこのころ、娘の心臓の音を聞かせてもらって涙が出ました。ドックンドックンというその音は、一生懸命生きているよ、そんなメッセージに聞こえたからです。

さて、ここで問題です。

次のページの4つの図の中のどれが人間の赤ちゃん（このころは「胎児」になる前の「胎芽《たいが》」と呼びます）かわかりますか？　この4つはそれぞれ、人間、ブタ、ニワトリ、魚の赤ちゃんです。

――みんな同じように見えるんだけど……。

もう少し成長した段階の図を見るとどうでしょう？　1つはどうも魚のようだということがわかります。でもその他の3つはまだ区別がつきません。

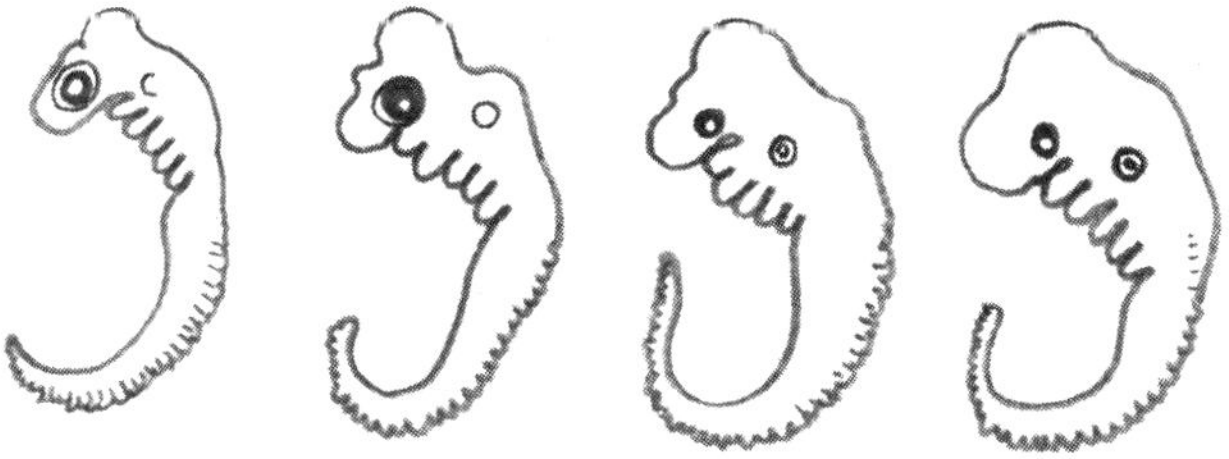

『Newton』1997年3月号より作成(p25も)

次の段階を見ると、ようやくそれぞれ何の赤ちゃんなのかがわかります。

――ほんとだ！　後半の変化が大きいんだね！

こうして見ると、魚類《ぎょるい》、鳥類《ちょうるい》、ほ乳類《にゅうるい》の区別なく、最初はほとんど同じで、そこからだんだんと変わってくるのがよくわかります。人間は子宮のなかで生命の進化の歴史をたどるのです。妊娠2ヵ月のとき、あなたには、しっぽがあったし、えらも持っていたのです。いのちはDNAに書き込まれている通り、すごい急ピッチで38億年の進化の過程をぜんぶやるのだそうです。一度尻尾をつくって退化《たいか》させ、えらもつくって耳にかえていく。手も最初は両生類《りょうせいるい》の水かきのある手で、水かきをだんだんなくして指ができます。5本の指のうちの親指がずっとうしろにいくとニワトリの足になるし、5本のうち2本がくっついて4本になるとブタの足になります。

それぞれの姿に成長したあとも、似ているところは多いといいます。たとえば、人間の胎児は親指を吸ってものを食べる練習をするそうですが、ニワトリの赤ちゃんも羽（指）の先をくわえるそうですよ。

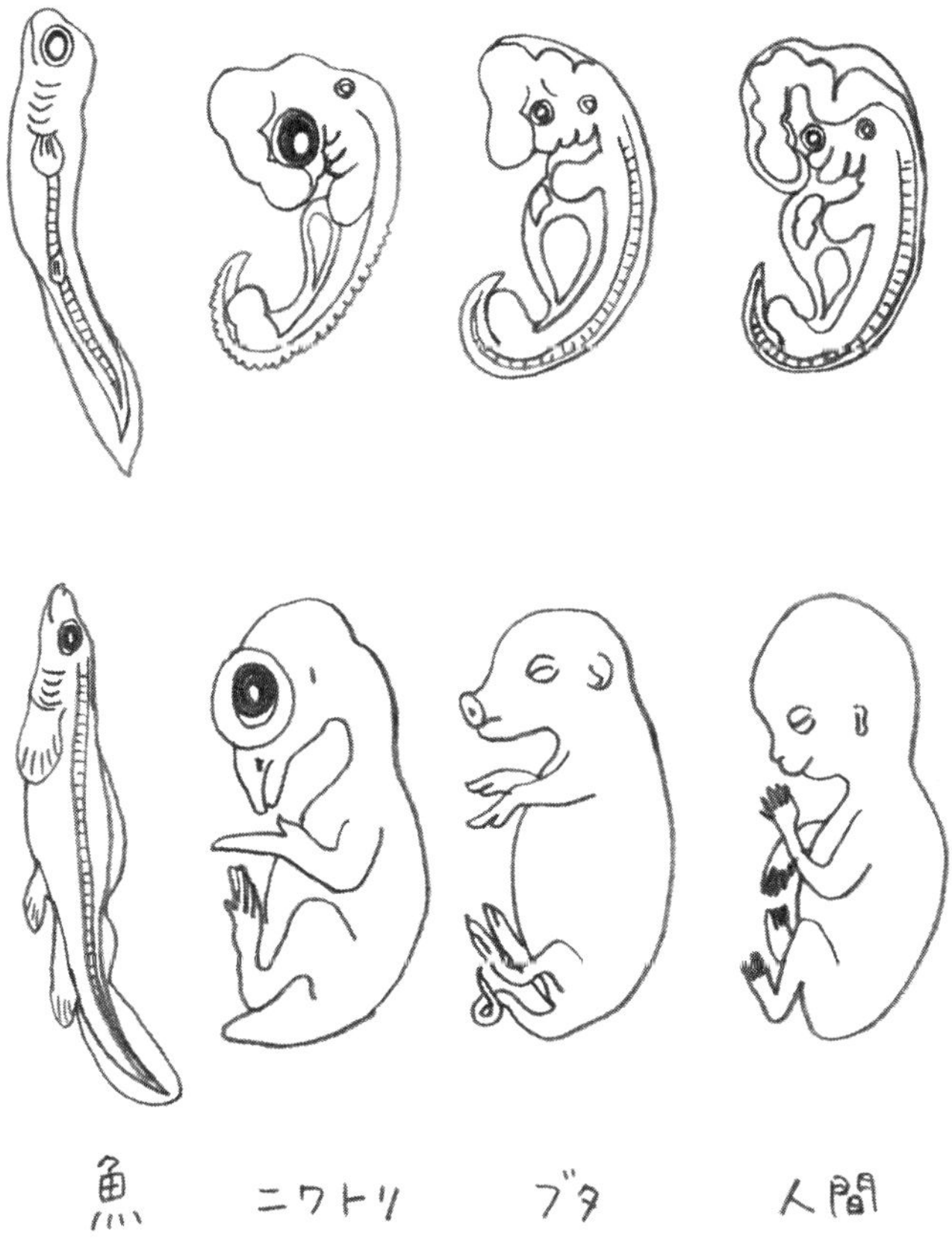
魚
ニワトリ
ブタ
人間

――初めは魚と同じだったの⁉　しかも38億年の進化をお腹の中でやってしまうなんて！

いのちって神秘的ですね。

羊水の成分は原始の海、40億年前の海とほぼ同じと言われています。生命は原始の海の中から生まれました。ですから、お母さんはみんな体の中に地球上でいのちが誕生したときの太古の海を持っていて、あなたもその中で生まれ育ってきたのですね。

人間のＤＮＡには百科事典７００冊分になるくらいの情報が書きこまれているそうです。そこに書かれたいのちとしての記憶《きおく》をたどりながら、あなたは人間になってきた。人はみんな生まれる前にいのちの歴史を繰《く》り返《かえ》しているんですね。

あなたのいのちをさらにさかのぼってみましょう。

妊娠1ヵ月の終わりごろ（妊娠週数で数えると3週くらい）、あなたはおよそ1センチ。重さは一生懸命調べたけれど、どの本にも出ていませんでした。2～3センチで4グラムだから、もっと少ないはず。

こんなに小さいのに、このころ、もう脳ができたり心臓ができたり、いろんな大事な器官をつくっている時期です。この時期に、鼻や耳、血管もつくっています。

このときからたった1～2週間ほど前、あなたは0・1ミリくらいの卵でした。とがった鉛筆でちょんと紙につけた点くらいの大きさ。受精卵《じゅせいらん》という、たった1つの細胞です（妊娠週数は最後の月経の第1日から数えはじめるので、受精したときが2週になります）。

0.1ミリ、1個の受精卵からいのちがはじまった

――0・1ミリかぁ……。

ひとりの人間の細胞はおよそ60兆個と言われています。60兆個の細胞を持つあなたのいのちは、このたった1個の細胞からはじまったのです。

受精卵という1つの細胞は、あなたという人の遺伝情報を持った最初の細胞です。あなたのすべてはそこからはじまりました。

おめでとう！　あなたの時間をとうとうそのはじまりまでさかのぼりました。0・1ミリの小さなたった1つの細胞の誕生が、あなたというたったひとりの人の本当の意味の誕生と言えるかもしれません。

2 私のいのちのもっと前は？

——たった1つの細胞からはじまったと言われても……じゃあ、その細胞はどうやってできたの？

そうですね。あなたという人間の時間はこれ以上さかのぼれませんが、その受精卵がどこから来たのか探ることはできます。受精卵は、両親がつくる「いのちのもと」となる2つの細胞からできています。ですから、これ以上あなたの歴史をさかのぼろうとすると、お母さんの体の中とお父さんの体の中……と2つに分かれて探っていかなくてはなりません。

まずはお母さんがつくる「いのちのもと」である卵子《らんし》から見ていきましょう。人間の60兆個の細胞の中でいちばん大きな細胞です。この卵子が0・1ミリです。

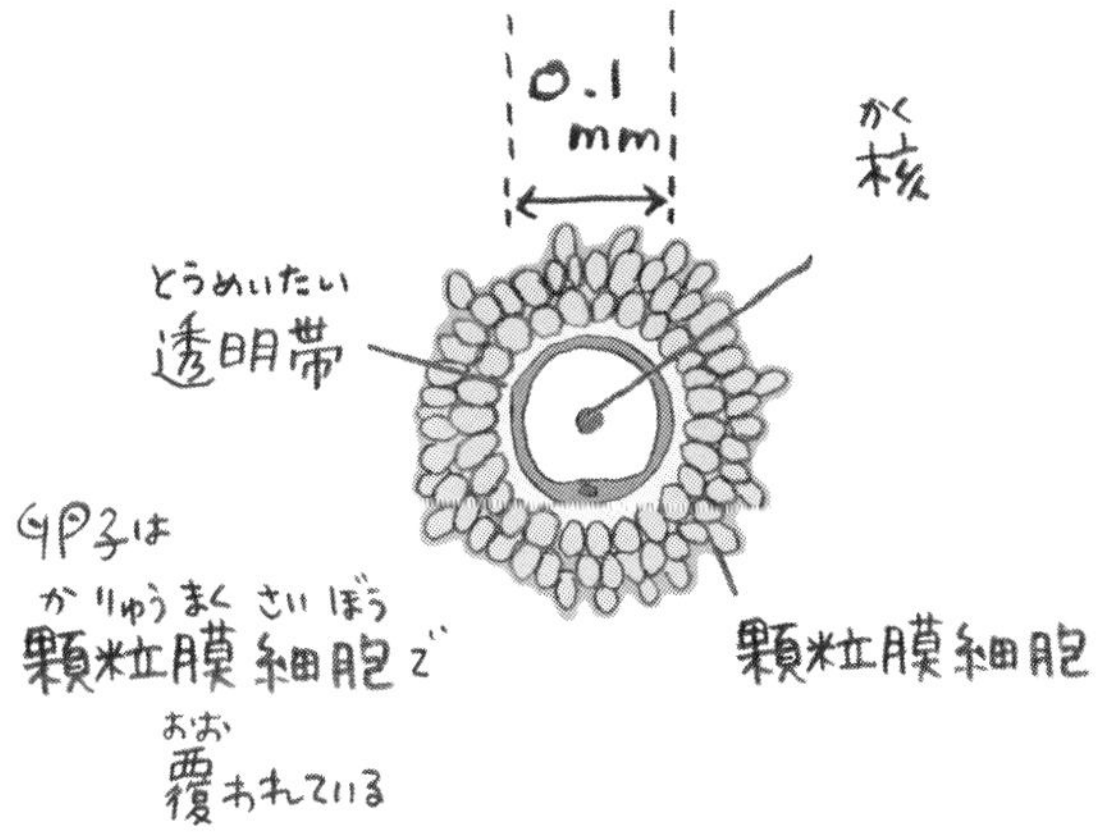
0.1
mm
核《かく》
透明帯《とうめいたい》
卵子は
顆粒膜細胞《かりゅうまくさいぼう》で
覆《おお》われている
顆粒膜細胞

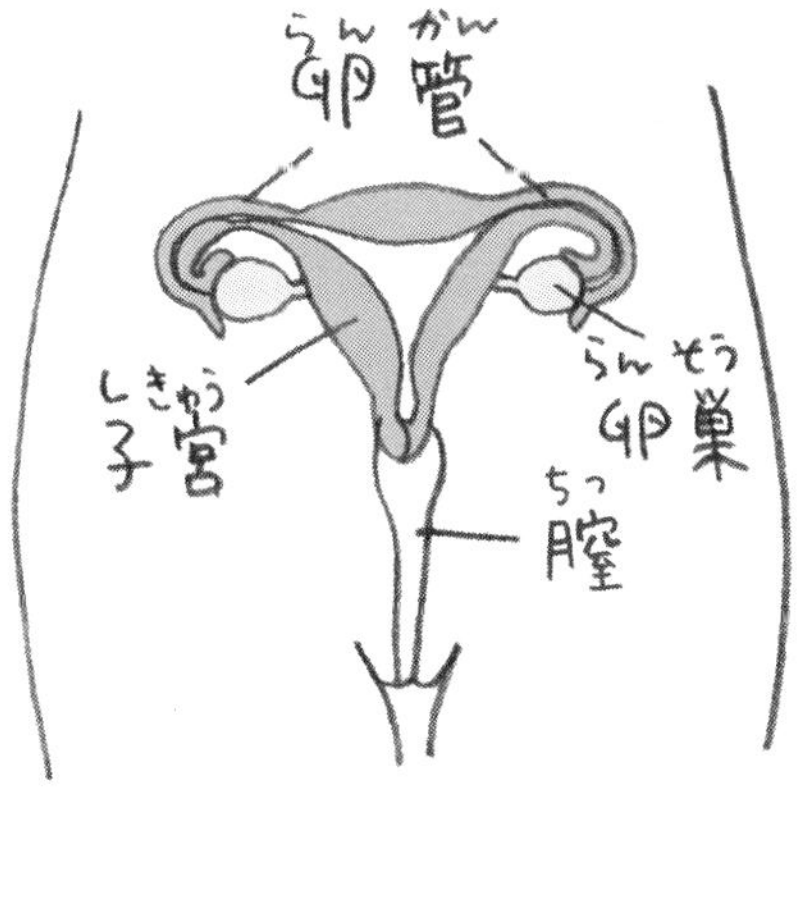
卵管《らんかん》
子宮《しきゅう》
卵巣《らんそう》
膣《ちつ》

卵子という細胞をお母さんはだいたい平均して28日に1個、子宮の左右にある卵巣《らんそう》というところでつくります。

卵巣の中で卵母細胞《らんぼさいぼう》（卵子になる前の細胞）がつくられて、うまく成熟してくるとだいたい28日くらいに1個ずつ卵子となって、卵巣から卵管《らんかん》というところに飛び出してくるのです。これを排卵《はいらん》と言います。卵巣は左右にひとつずつありますが、普通1回の排卵で1個、どちらかの卵巣から交互に出てきます。

卵子は核の部分にお母さんの遺伝情報の半分を持っています。核のまわりの部分は栄養です。卵子は24時間＝1日くらい生きています。

——1日経ったら死んじゃうの？

そうです。卵子は「いのちのもと」ですが、たいていの場合はいのちにはなれません。いのちになる可能性を持っていますが、寿命はたった1日です。その日、受精できなければ、子宮を通り、膣《ちつ》を通って外に出されます。

排卵があると、受精卵が来たときに住み心地をよくしておくために、子宮の中では栄養

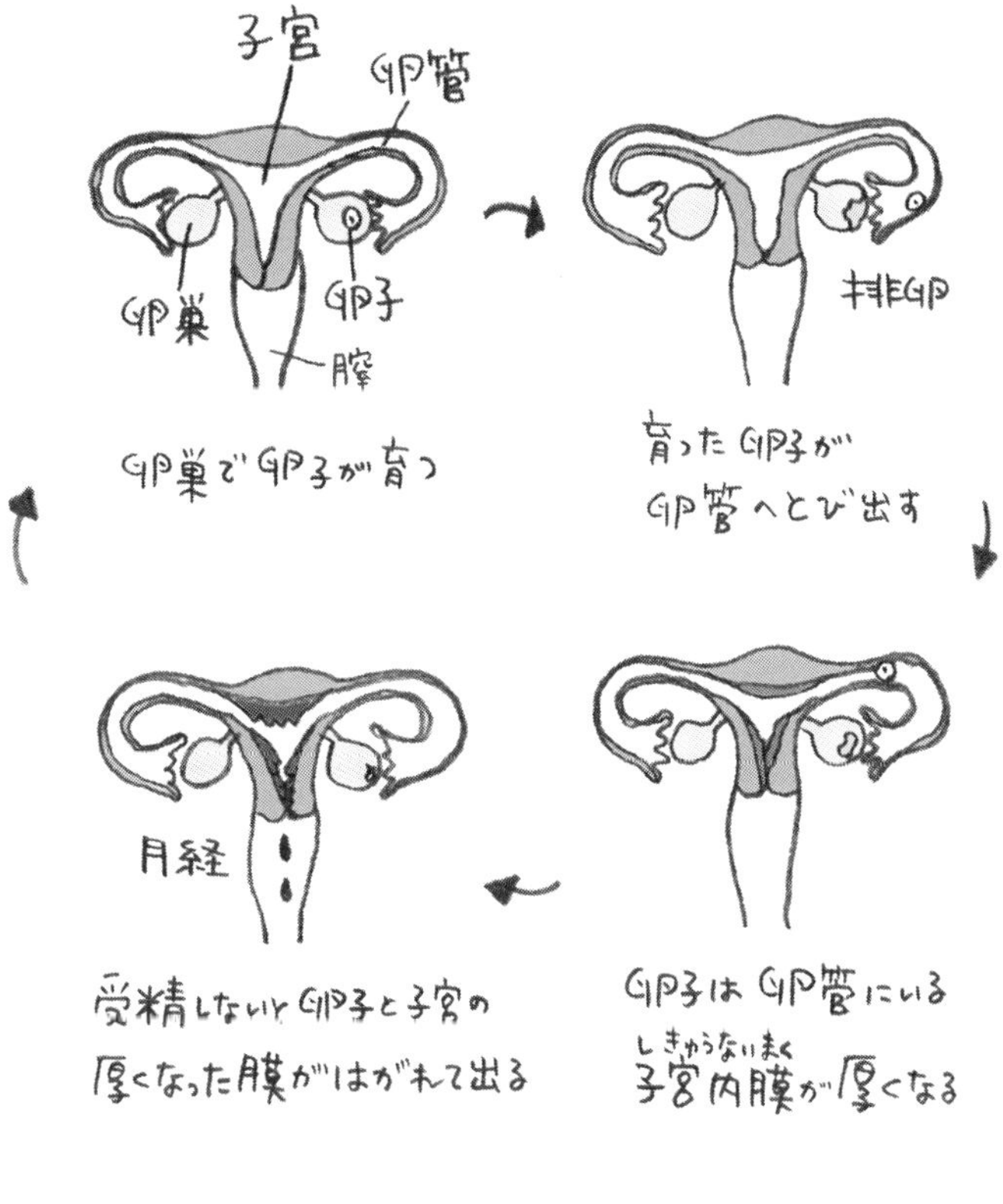

月経《げっけい》のサイクル

高柳美和子『わが子に性が語れますか?——子育てのなかの〈性と生〉』三友社より作成

をたくわえて待っています。けれども、卵子が受精できないと、卵子を外に出すだけではなく、準備した栄養素もみんな一緒に捨ててしまいます。それが月経《げっけい》（生理《せいり》）です。毎回捨ててしまうのはもったいない気もしますが、たったひとつの受精卵のために、毎回毎回、子宮の中で赤ちゃんを迎える準備をするのです。月経は、赤ちゃんが育つ子宮を準備するための大切なしくみなのです。

女の子は、思春期になると月経がはじまります。最初の月経を初潮《しょちょう》と言います。初潮の時期は、早い人は小学校の3〜4年くらいから、遅い人は高校生くらいまでと、人によってちがいます。あなたが女性なら、早くても遅くても心配する必要はありませんからね。昔は月経がはじまるのはお母さんになる準備が整ったこと、大人の女性へのサインととらえて、お赤飯を炊《た》いてお祝いすることもあったそうです。

月経のときは、子宮が縮《ちぢ》んだり、せっかくつくったものをはがして外に出すので、お腹が痛いと感じる人もいます。それに何日間か血が出てくるので、煩《わずら》わしいと思う人もいるかもしれません。体がだるいと言う人もあります。痛くて寝込んでしまう人もいれば、なんともない人もいます。同じ人でも年齢によって感じ方がちがうこともあります。生理中は無理をせず、体を冷やさないよう自分の体をいたわってあげてください。

さて、次にお父さんがつくる「いのちのもと」である精子《せいし》を見てみましょう。

精子はおたまじゃくしのような形をしていて、頭の部分がおよそ5ミクロン（0・005ミリ）程度、しっぽの部分をあわせた全長でも50～60ミクロン（0・05～0・06ミリ）です。卵子が人間の細胞の中でいちばん大きい細胞だったのに対して、精子はいちばん小さな細胞です。

精子の頭の部分にはお父さんの遺伝情報の半分を持った核があります。頭の尖端《せんたん》には酵《こう》素《そ》を持っています。しっぽをつかって活発に動きますから、そのためのエネルギー源としてしっぽの付け根にミトコンドリアも持っています。

精子は精巣《せいそう》（睾丸《こうがん》とも言います）でつくられます。精子は熱に弱いので、精巣は体の外にある陰《いん》のうに入っています。陰のうの皮膚は薄くて、暑いときは伸びて熱を発散し、寒いときは縮んで精子のために温度調整をしています。卵子がつくられる卵巣は女性の体の奥にありますが、精巣が体の外にあるのはそのためです。

卵子は28日に1個つくられるとお話ししました。精子は、どのくらいの割合でつくられていると思いますか？　なんと1日におよそ1億個つくられているのです！　5000万～1億とも言われますが、ここでは1億個としておきます。毎日毎日、男の子はお父さんになる準備ができると、今日も1億、明日も1億、その次の日も1億、と「いのちのもと」

をつくりつづけるのです。

――うわっ、そんなに！

すごい数ですよね。たくさんつくられた精子たちがどうなるかというと、体の中の精《せい》のうから出されるゼリー状の液と一緒になって、尿道《にょうどう》を通ってペニスの先から出されます。この液体が精液《せいえき》です。そして、精液がペニスから出されることを射精《しゃせい》と言います。精子を出すときはペニスは硬くなって上を向いています（勃起《ぼっき》と言います）。そのときは膀胱《ぼうこう》の蓋《ふた》はきっちり閉じられ、尿は出てきません。

精子はおよそ2〜3日の間生きられますが、空気に触《ふ》れるとすぐに死んでしまいます。男の子は小学校5年生〜高校生くらいの間に、初めての射精がありますが、これを精通《せいつう》と言います。寝ている間に夢を見て精液が出てくるという人も多いようです。

あなたが男の子で、もし、朝起きてパンツが濡《ぬ》れていたら、精通かも！　お父さんになる準備が整った、大人の男性だというサインですから、自分でパンツくらい洗っておきましょうね。

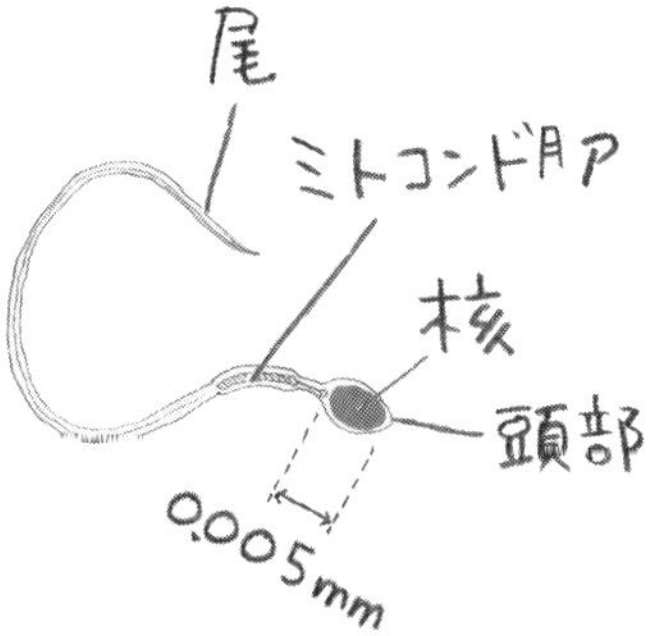
尾
ミトコンドリア
核
頭部
0.005mm

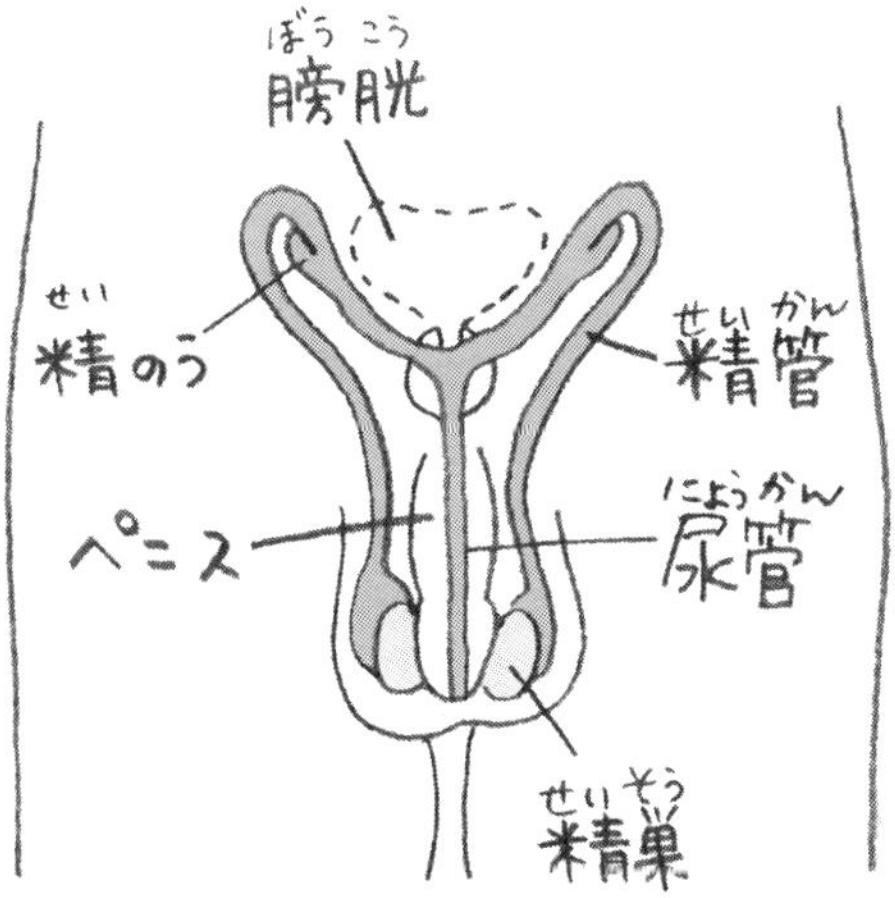
膀胱《ぼうこう》
精《せい》のう
精管《せいかん》
ペニス
尿管《にょうかん》
精巣《せいそう》

――精通があったら、それからずっと精子をつくりつづけるの？

そうです。毎日つくりつづけます。

こうして、お母さん、お父さんそれぞれが「いのちのもと」をつくりつづけますが、そのほとんどがいのちになりません。いのちになるためには、お母さんがつくった卵子とお父さんがつくった精子が出会わなければなりません。お母さんとお父さんが性交して、お母さんの体の中で、卵子と精子が出会うと受精卵となります。受精卵となってはじめて新しいいのちになれるのです。けれども、受精卵が生まれるのは、そう簡単なことではありません。その出会いには、多くの試練《しれん》が待っているのです。

卵子と精子はどうやって出会うのか、順を追って見ていきましょう。

左右どちらかの卵巣から出てきた卵子は、卵管の途中で待っています。1日くらいで死んでしまいますから、それまでの間に精子に出会わなければなりません。

精子にとって、卵管で待っている卵子がゴールです。そこへ到達させるために、お父さんはお母さんの膣の中にペニスを挿入《そうにゅう》して精子を勢いよく送り込みます。1回の射精で送り出される精子の数は1〜4億と言われ、個人差も大きいですが、ここでは3億としてお

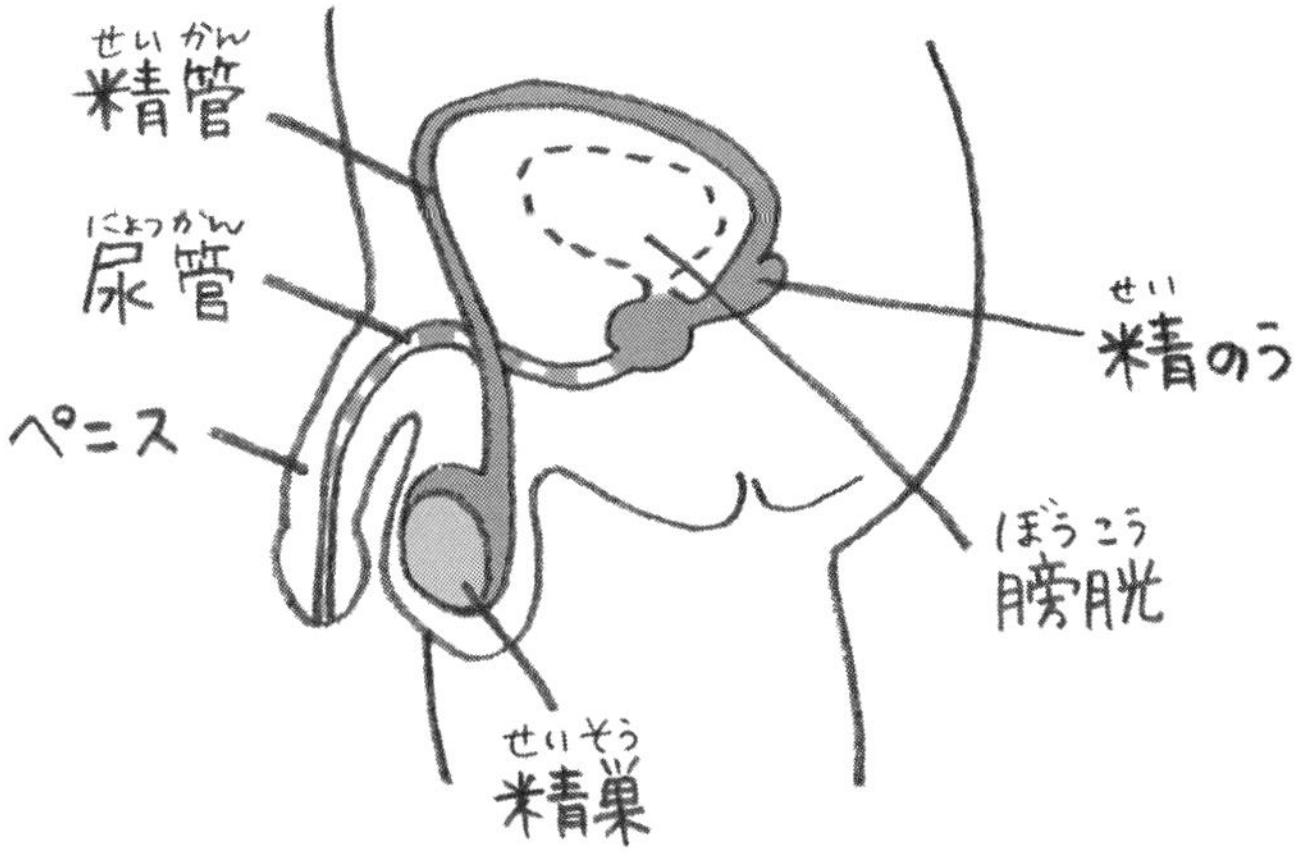

射精《しゃせい》のときは ペニスが勃起《ぼっき》して上を向いている
(P141参照)

きます。
子宮の入り口に向けて精子を送り出すために、また、精子を空気に触れさせないためにペニスは勃起して硬くなり、膣の中に差し込めるようになっているんですね。でも、お父さんができるのはここまで。あとは送り込まれた精子たちが自力で卵管まで進んでいかなければなりません。
膣から卵管までの長さは15〜20センチ。精子の大きさはしっぽをあわせても0・05〜0・06ミリでしたから、平均0・055ミリとして2700〜3600倍もの距離、170センチの身長に換算すると4・5〜6キロくらいの道のりが待っています。普通に歩けば1時間ちょっと〜1時間半の距離。意外に短いなぁ、という気がするかもしれません。けれども、その間ずっと苛酷《かこく》な環境をサバイバルしつづけなければならないとしたら？

――そんなに苛酷なの？

はい。生物の体は外から異物《いぶつ》（自分ではないもの）が入ってくると、攻撃《こうげき》して殺そうとします。ウイルスや細菌《さいきん》が入ってきた場合、感染症《かんせんしょう》などになる恐れがあるからです。精子は「いのちのもと」とはいえ、女性の体にとっては異物。当然、攻撃されます。膣の中に出されたその瞬間から、3億の精子たちの長く苦しい旅がはじまるのです。異物（精子）が侵入してくると、女性の体は白血球《はっけっきゅう》を総動員《そうどういん》して攻撃します。ウイルスや細菌だったら、これ以上の侵入を許してはならないからです。強力な攻撃に、3億の精子のほとんどが送り出されたところで殺されてしまいます。

でも、精子たちの使命は卵子に到達すること。精子たちはなんとかして死なないよう、しっぽも体もまるめて苛酷な環境に慣《な》れるのを待ちます。2〜3分は動かないでじっとしています。やっと慣れてきたところで動きだします。

けれども、いざ泳ぎだそうとすると、膣の壁はひだのようになっていて異物である精子を外に出そうとします。精子たちは何重《なんじゅう》ものひだに逆《さか》らって進まなければなりません。いくら長いしっぽを持って、エネルギー源も備《そな》えているとはいえ、小さな精子の進む速度は遅く、1センチ進むのにしっぽを1000回くらい動かさなければなりません。1分間に進める距離はだいたい2〜3ミリ、1時間かかってせいぜい2センチくらいです。

精子たちは文字通り必死に泳いで白血球に殺されるのを避け、ひだにおしもどされるのを乗り越え、山あり谷ありのところを一生懸命《いっしょうけんめい》進みます。そのうえ、膣の中は精子たちが苦手な酸性《さんせい》です。子宮の入り口に到達できるのは約10万個。3億の精子のわずか

３０００分の１です。

――まだ入り口なのに!?　子宮の中はちょっとは楽なの？

いいえ。まだまだ試練が待っています。子宮の中に入ることができた精子たちは、広い子宮の中をまたも必死に泳いでいきます。どの方向へ進めばいいのかわかりませんから、行ったり来たり迷います。それでも進みつづけます。けれど、うまい具合に子宮の奥《おく》へ進んだとしても、左右２つの卵管のどっちに卵子が待っているのかはわかりません。

精子は３日しか生きられませんから、卵子がいないほうに泳いでいったら、どんなに強くて立派ですてきな精子でもいのちにはなれません。運よく卵子がいるほうの卵管をめざした精子の中で、卵管までたどりつけるのはだいたい１００個。子宮の入り口に到達できた10万の１０００分の1、膣に放出された３億の精子のうちのわずか３００万分の１です。

――残りの２億９９９９万９９００の精子は卵子の近くにさえ行けなかったんだ。

そうです。ここまで来れたのは元気で運もいい精子たち。ここまで来ればあと少しです。

３億の精子のうち、卵子にたどりつけるのは
およそ１００個

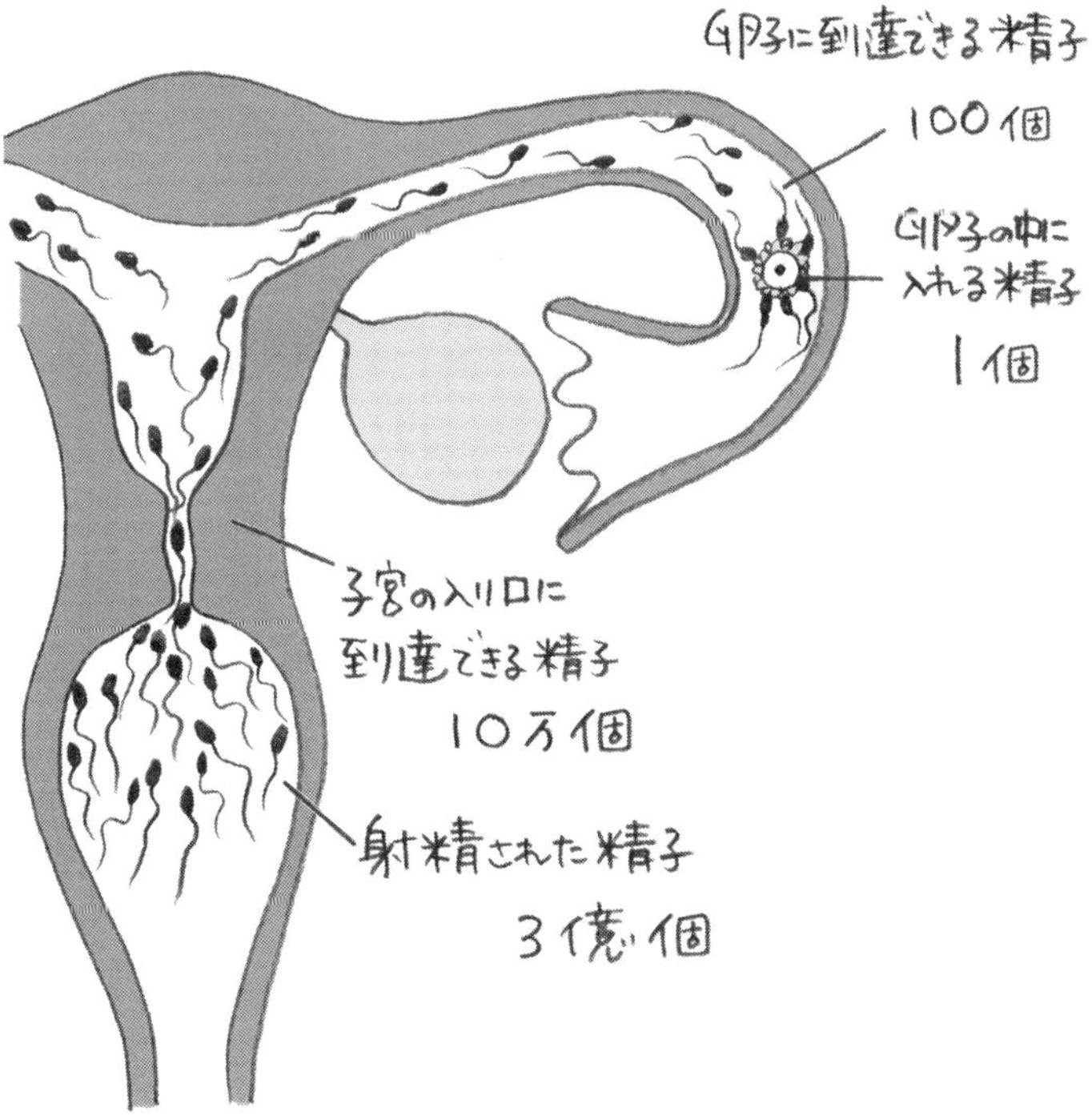

卵子に到達できる精子
100個
卵子の中に
入れる精子
1個
子宮の入り口に
到達できる精子
10万個
射精された精子
3億個

卵管の中は精子にはありがたいアルカリ性ですが、卵管もひだに覆《おお》われています。精子たちは懸命に泳いで卵子をめざします。最終的にいのちになれるのはたったの1つです。どの精子がいのちになれるのか、最後のレースです。

100個の精子たちはつぎつぎに卵子のところに到達しますが、最初に到達した精子がいのちになれるのではありません。精子たちはつぎつぎに卵子にとりつきます。ここで不思議なことが起こります。これまで苛酷なレースでお互いライバル同士だった精子たちは、卵子にたどりついたとたん、共同作業をはじめるのです。

どんな共同作業かと言うと、卵子を覆う透明帯《とうめいたい》をみんなで溶《と》かし、顆粒膜細胞《かりゅうまくさいぼう》をはがすのです。精子の頭の先の酵素はそのためのものだったのです。でも、1つの精子が持っている酵素の量では間にあいません。何個もの精子が酵素をつかってようやく溶けるのです。酵素をつかった精子は死んでいきます。たった1つの精子を通すために、先にたどりついた精子たちは死んでいくのです。

みんなが透明帯を溶かし終わったころにちょうど到着した運のいい精子が「ありがとうー」と言わんばかりに卵子の中に入っていくのです。

ライバル同士だった精子たちは協力して1つの精子を卵子に通す

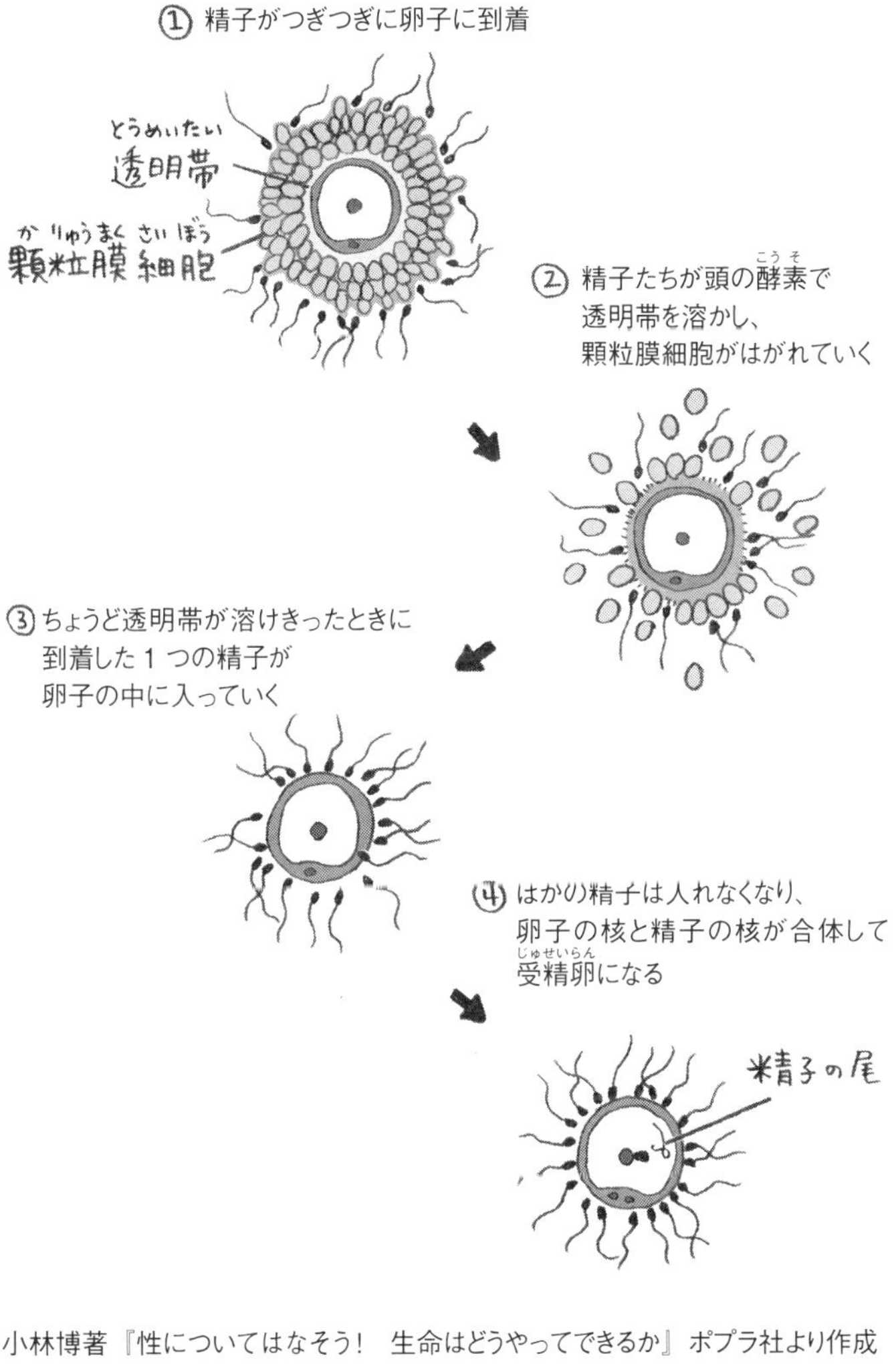
① 精子がつぎつぎに卵子に到着
透明帯《とうめいたい》
顆粒膜《かりゅうまく》細胞《さいぼう》
② 精子たちが頭の酵素《こうそ》で
透明帯を溶かし、
顆粒膜細胞がはがれていく
③ ちょうど透明帯が溶けきったときに
到着した１つの精子が
卵子の中に入っていく
④ ほかの精子は入れなくなり、
卵子の核と精子の核が合体して
受精卵《じゅせいらん》になる
※精子の尾

小林博著『性についてはなそう！　生命はどうやってできるか』ポプラ社より作成

――えーっ。偶然で決まるってこと？

そうです。たまたま、ぴったりのタイミングで到着した精子がいのちになれるんです。そして、たった1個が卵子の中に入った瞬間《しゅんかん》、ぱーっと新しい膜が張られて、あとからくる精子はぜったいに受け付けません。精子の持つ酵素では溶けない膜ができるのです。卵子の中に入り込めた精子は、しっぽはもう要《い》りませんから切れてしまって、遺伝情報を持った頭の部分だけが卵子の核をめざしていきます。そうして卵子が持つお母さんの半分の染色体《せんしょくたい》と、精子が持つお父さんの半分の染色体が一緒になって人間としての数の染色体を持つ1つの核となります。これがいのちのはじまりです。

精子を受け入れた卵子はゆっくりと旋回運動《せんかいうんどう》をはじめます。この様子を撮影した映像を観る機会がありましたが、涙がでるほど感動しました。新しい生命が誕生するその瞬間の受精卵のおごそかな動きは宇宙の映像のように美しかったのです。

――3億のうち1つしかいのちになれない、すごいサバイバルレースだったんだ。

そうです。いのちになれるのは1つだけだけど、1つだけだと受精できない。3億もの精子たちがいて、たった1つが受精できる、それがいのちが始まるためのしくみなのです。

こうしてあたらしいいのちとなった受精卵は、回転しながら卵管を移動し、細胞分裂をはじめます。子宮をめざして移動し、3日くらいで子宮にたどりつきます。そして7日目ごろに子宮の内側の壁にもぐり込みます。これを着床《ちゃくしょう》と言います。このときのために、子宮は受精卵が着床しやすいよう、ふかふかのベッドを準備していたのです。

受精卵が細胞分裂をはじめたとき、なにかの拍子《ひょうし》に2つに完全に分かれると一卵性双生《いちらんせいそうせい》児《じ》（ふたご）になります。普通は1つ出てくる卵子が2つ出てきていて、そのどちらも受精してどちらも着床して育った場合は、二卵性双生児《にらんせいそうせいじ》になります。

けれども、受精卵がすべて着床できるわけではありません。10～20％の受精卵は着床に失敗してしまいます。卵子や精子になんらかの問題があったときも着床できません。いのちとして育っていい、というものが子宮に入ってうまくもぐり込めたときに初めて妊娠《にんしん》が成立します。

もちろん、いくら精子ががんばって卵管までたどりついても、卵子が待っていないときだったり、卵子がいるときでも精子たちが卵子に到達できなかったり、到達してもどの精子も卵子の中に入れないなど、受精卵ができずに終わってしまうことも少なくありません。

――卵子と精子が出会っていのちになるって、こんなに大変なんだ……。

ひたすらがんばる精子たちがいとおしく見えてきますね。膣の中に入った瞬間にしっぽをまるめてがまんしているところからはじまって、苛酷な環境の中で泳ぎだしても、多くが白血球に殺されてしまう、外へと出されてしまう。そんな中をがんばって前進していきます。最初3億いたのに数がどんどん減って、最後に卵子が待っているほうの卵管に入った精子100個が共同作業するのもすてきですね。みんなで卵子のまわりの透明帯を溶かすけど、入れるのはたった1つ。いのちになれたのは3億のレースを勝ち抜いてきたたった1つ。強かったし、運もよかった。

こうして、生まれるべくして生まれてきた、それがあなたなのです。

お母さんがつくる卵子の中のその卵子、お父さんがつくる膨大《ぼうだい》な精子の中のその精子が出会って、あなたといういのちが生まれてきたのです。それは3億の精子のレース以上に、すごい確率だったんですよ。

──どういうこと？

あなたというのちになる卵子と精子が出会う確率がどのくらいだったのか、計算してみましょう。

お母さんが卵子をつくるのは1ヵ月に1個。10～50歳の40年間つくりつづけるとして卵子の数は12個／年×40＝480個（しかも、卵巣には数十万個の卵子の元になるものが準備されていて、そのうちもっとも成熟したいい卵子が1ヵ月に1つだけ卵巣から卵管にすくいあげられますから、卵子になれたのはその中のごく限られたものです）。

お父さんのほうは、だいたい60年間精子をつくりつづけますから、1日1億×365日×60年＝2兆1900億くらいつくる可能性があります。

もちろん、実際はこんなに単純ではありませんが、ここでは掛《か》け合わせてみましょう。

480×2兆1900＝1051兆2000億

これだけの子どもが生まれる可能性がある中で、あなたが生まれたのです。あなたのいのちがはじまることになったその性交のときでも、ちょっとの差でちがう精子が卵子に入っていたら、それはあなたとはちがう人になっていました。

あなたは、1051兆2000億分の1の確率の中で、1つのいのちになったのです。

1組のカップルでまったく同じ遺伝情報を持った子どもが生まれる確率は70兆分の1くらいだそうです。ひろい砂浜でひとつぶの砂粒を見つけるようなもの。まずあり得ません。

——1051兆分の1とか70兆分の1とかで生まれてきたってこと?

そのとおり。あなたが生まれてきたということは、こんなにもかけがえのないことだったのです。

ところで、子どもをほしいと望《のぞ》んだカップルでも、いろいろな原因で妊娠できないことがあります。今日では、いのちの誕生（卵子と精子の出会い）を手助けする医療技術が発達し、排卵を誘発《ゆうはつ》したり、受精しやすいよう精子を子宮の中まで送り込む「人工授精《じんこうじゅせい》」や、体外で卵子と精子を受精させる「体外受精《たいがいじゅせい》」が行われています。

日本では2010年の出生数《しゅっしょうすう》の1・99%（およそ50人にひとり）、2万人以上が「体外受精」による赤ちゃんです。

けれども、医療にできるのはいのちの誕生を後押《あとお》しすることだけ。たとえば、「体外受精」の成功率は20%程度と低く、何度試みても着床しない場合も多いのです。また、赤ちゃんとして生まれてくるには、お母さんのお腹の中で育つ必要があります。

まちがいないのは、あなたも私も、あなたのご両親やきょうだい、友だち、そして、この世界に生きている人は誰もがみんな、ひとりの例外もなく0・1ミリの受精卵からはじまったということ。たった1個の細胞から生まれるべくして生まれてきて、今のあなたや私が生きつづけているということ。今、ここに生きていることは、すごいことだということです。

私がこのことを授業の中で話すと、子どもたちはみんな異口同音に自分の存在を「奇跡だ」と表現します。まさにそれ以上ぴったりする言葉が見つからないくらい、今を生きている私たちは、みんな「奇跡的」な存在なのです。

3

もっとさかのぼったら？

――お母さんの卵子とお父さんの精子をもっとさかのぼることはできる？

そうですね。あなたのいのちのはじまりは、１個の受精卵でしたが、それにはお母さんの卵子とお父さんの精子が必要で、つまり両親がいなくてはなりませんでした。さらに両親それぞれに両親が必要ですね。あなたの誕生からおじいちゃん、おばあちゃんまでさかのぼっただけで、６人が関係したことになります。その両親を入れると14人。さらにその両親を入れると30人、次の代までさかのぼると62人、その次は１２６人。６代さかのぼっただけで、こんなにたくさんの人が関係しています。そのうちの誰ひとり欠けてもあなたは生まれませんでした。６代前といえば、明治の初めくらいでしょうか。

どんどんさかのぼりましょう。昭和、大正、明治、江戸時代……安土桃山《あづちももやま》時代……戦国《せんごく》

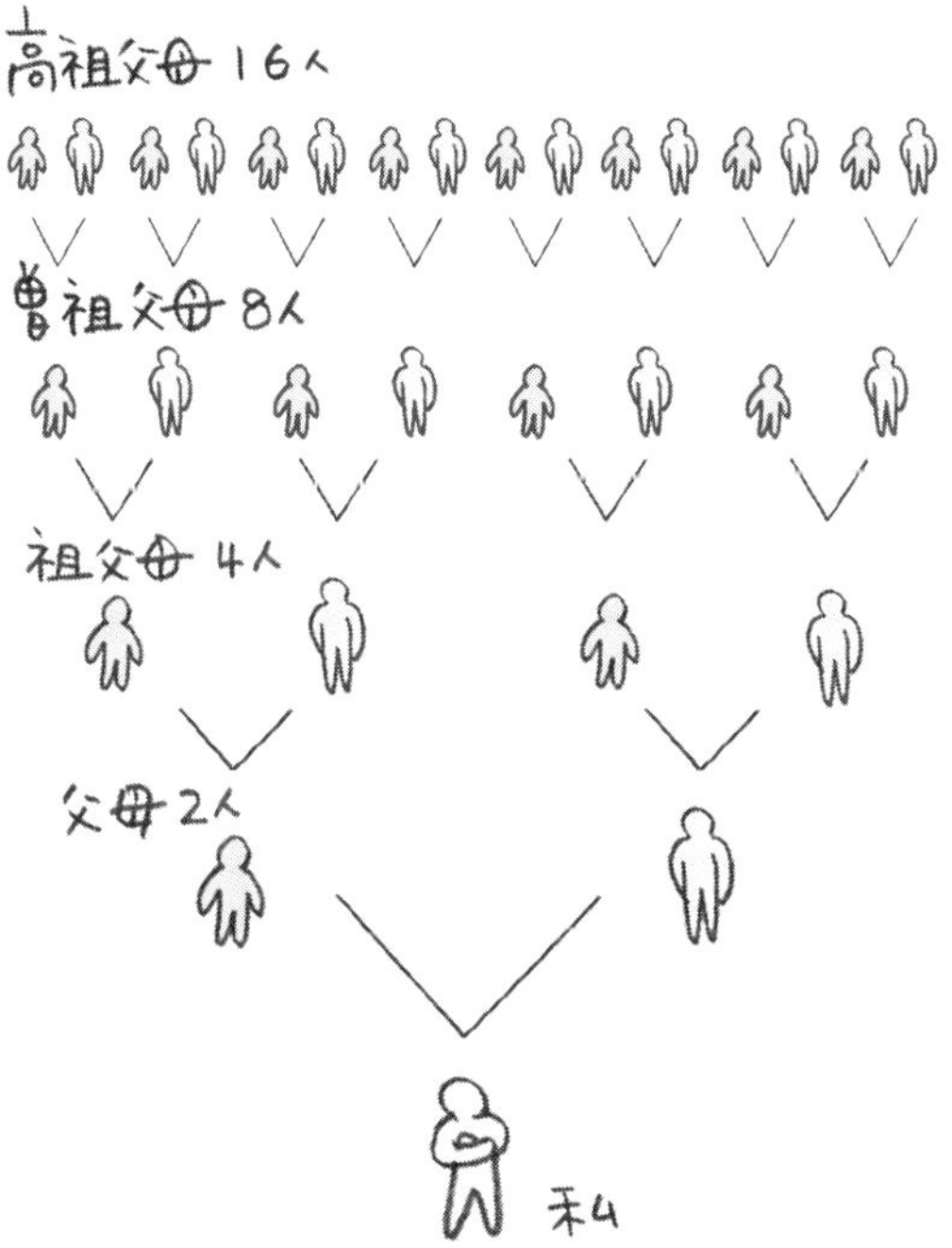

2 + 4 + 8 + 16 = 30

4代前（高祖父母）までさかのぼると
私の誕生に関係した人は30人。
このうち ひとりでも いなければ
私は 生まれなかった

時代……室町《むろまち》時代……鎌倉《かまくら》時代……平安《へいあん》時代……奈良《なら》時代……飛鳥《あすか》時代……古墳《こふん》時代……弥生《やよい》時代……縄文《じょうもん》時代……そして、人類最古の時代、旧石器《きゅうせっき》時代。……6代で126人ですから、ここまでさかのぼると何人になるか、見当もつきません。天文学的《てんもんがくてき》な数の人たちの存在があって、あなたのいのちが今ここにあることだけは確かです。

――気が遠くなりそう。

はい。気の遠くなるような話です。でもよく考えてみてください。人類のはじまりまでさかのぼっても、いきなり人類があらわれるわけではありません。あなたのいのちをもっと丁寧《ていねい》にさかのぼるなら、いのちの進化の歴史も無視《むし》するわけにはいきません。

それでは、進化の歴史をさかのぼってみましょうか。

現在の人間（ホモ・サピエンス）が登場したのはおよそ5万年前。二足歩行《にそくほこう》していたアウストラロピテクスが登場したのは370〜100万年前と言われています（最近の研究では、500万年よりももっと前かもしれないという説もあります）。人間が属する霊長《れいちょう》類《るい》が登場したのは6000〜5000万年前。このころ、あなたにつながるいのちは、木の上を走り回っていたということです。立体的《りったいてき》な木の枝《えだ》を見きわめたり、食べ物である木

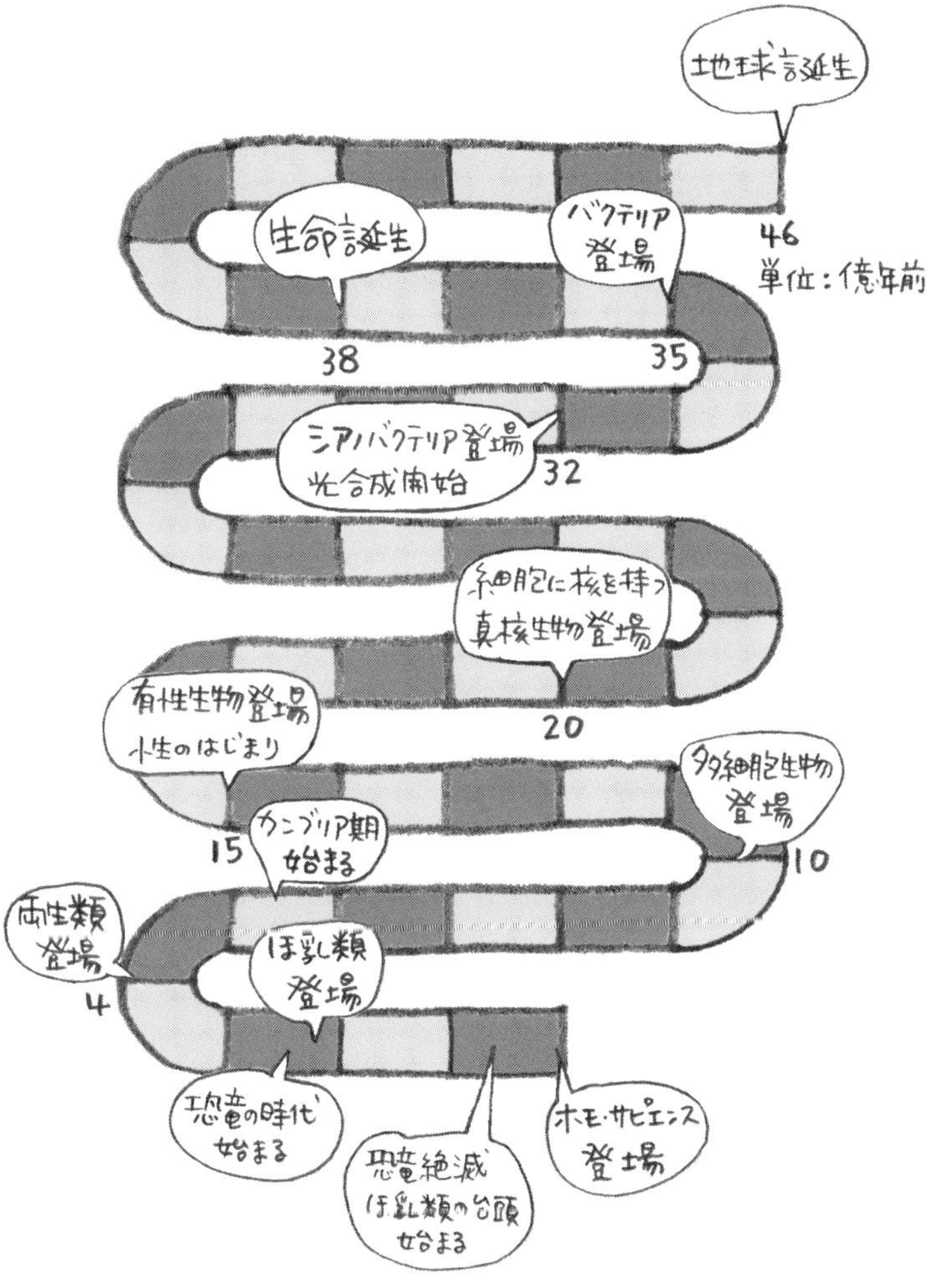
地球誕生
46
単位：億年前
バクテリア登場
生命誕生
38
35
シアノバクテリア登場
光合成開始
32
細胞に核を持つ
真核生物登場
20
有性生物登場
性のはじまり
多細胞生物登場
15
10
カンブリア期始まる
両生類登場
4
ほ乳類登場
恐竜の時代始まる
恐竜絶滅
ほ乳類の台頭始まる
ホモ・サピエンス登場

の実が熟しているかどうか、色で見分けたりする必要から、サルは視覚《しかく》を発達させたのではないかとも考えられています。

6500万年前から2億3000万年前までは恐竜が栄えた時代でした。ほ乳類《にゅうるい》が登場したのは2億2500万年前。あなたにつながる生きものは、この時代には力の弱い生物として、恐竜の足もとで必死に生きていたのだと考えられています。

でも、そのほ乳類だって、いきなり生まれたわけではありません。両生類《りょうせいるい》・爬虫類《はちゅうるい》・魚類《ぎょるい》とまだまださかのぼります。

5億年前のカンブリア紀には、生命が多様にしかもスピーディーに進化できるようになり、生命はさまざまなデザインを試すかのように、いろいろな生命体として存在していました。このころの地球の王者と言われるアノマロカリスという生物は面白いですよ。60センチ〜2メートルもある巨大な体で、三葉虫《さんようちゅう》など他の生物をバリバリ食べてしまう生物です。じゃあこの時代、あなたにつながる生物はというと、全長5センチほどのピカイアという小さなナメクジのような生物です。アノマロカリスに見つかったら大変。ピカイアは背に一本の骨のようなものを通すことで、すばやく体をくねらせ逃げる術《すべ》で生きのびていました。アノマロカリスはやがて絶滅《ぜつめつ》してしまいますが、ピカイアという弱そうな生物が、背骨《せぼね》を持った動物としてその後、進化の道をたどることになりました。

10億年前には多細胞生物が登場します。それまでは、生物はみな単細胞でした。多くの細胞からなる生物では、細胞によって役割分担が進みます。60兆個もの細胞からなるあなたの体のしくみはここから始まったのです。

さらに10億年さかのぼった20億年前、単細胞生物の中に核を持った真核生物が登場します。あなたの細胞のひとつひとつ、核の中に染色体が入っていて、細胞内にはミトコンドリア（精子もエネルギー源として持っていましたね）も持っていますが、その細胞の構造はこのころ出来たのです。

さらにさかのぼること15億年、今から35億年前に単純な構造の細胞（原核細胞）ひとつからなる単細胞の原核生物（バクテリアなど）が登場します。

それよりさらに前、38億年前に、生命が登場したと考えられています。よくわかっていませんが、海の中でいくつかの元素が結合してDNAをつくったと考えられています。最初に現れた生命は、わずかな物質とエネルギーを取り入れて生命維持と自己増殖に使うだけのとても単純なものだったと考えられています。

さあ、これ以上はさかのぼれません。ここが始まりです。あなたのいのちは38億年前のこのときに生まれて、その後、気の遠くなるような世代を経て、今のあなたまでつながってきたのです。

——38億年前の生命誕生が私のいのちのはじまりなの？

そうです。今生きている生きものはどれも、あるとき突然現れたのではありません。みんな原始の生命から出発しているのです。

あなたのいのちは10数年前にはじまったけれど、そのいのちは、長い長い間、受け継《つ》がれてきたもの。めまいがしそうなたくさんのいのちたちの懸命に生き延びてきた歴史のはてに存在しているのです。そして、私たちのＤＮＡはそれらをすべて記憶しているのです。だから、生まれる前にその歴史を繰り返すんですね。

地球が誕生したのは46億年前と考えられていますから、いのちが誕生するまでに8億年かかっています。そして、いのちが誕生してからの長い歴史の中で人間が現れたのはほんの最近のことです。

あなたのいのちがたどってきた38億年の間、地球環境は何度も大きく変化し、多くの生きものの種が生まれては絶滅してきました。あなたが今生きているのは、、かずかずの危機をそのときそのとき、あなたにつながるいのちたちが乗り越え、生きのびてきたからです。環境に適応してきただけでなく、多くの偶然にも恵まれてきました。その歴史を見る

私たちの祖先は、ミトコンドリアを取り込むことで危機をのりこえた

と、ほんとうに私たちが、今こうして生きているのがつくづく不思議になります。

簡単にお話ししましょう。

32億年ほどまえ、核を持たない単細胞生物（原核生物）の中に、シアノバクテリアという細菌が登場します。この細菌は太陽光の力を借りて、大気中の二酸化炭素を取り入れて炭水化物をつくり、酸素を大気中に放出しました。そう、光合成をはじめたのです。シアノバクテリアが何億年も光合成をしつづけたから現在のように大気中に酸素が21％含まれるようになりました。

今、私たちは酸素がなくては生きていけませんが、酸素はほかの物質を酸化させる力が強いので、細胞のなかの物質を酸化させてしまいます。酸素はもともと生きものにとっては有害なものでした。でも、シアノバクテリアの働きで大気中にはどんどん酸素が増えていきます。それまで主流だった酸素が苦手な生きものは海底などに逃げていきました。そこで現れたのが原核生物であるミトコンドリアです。ミトコンドリアは酸素を取り込んでエネルギーにする能力を獲得していました。

私たちの祖先だった原核生物はミトコンドリアを取り込んで共生しはじめます。核を持つ真核生物の誕生です。あなたの細胞ひとつひとつにあるミトコンドリアは、このとき取り込まれた別の生命の末裔です。あなたにつながるいのちは、こうして、生命維持に必要

なエネルギーを酸素を利用して効率よく使えるようになったのです。

——えー、なんかすごい。

別ないのちが獲得した能力を、その生物ごと取り入れて獲得する。すごいですね。酸素が増えてきたという危機を、かえって有利な状況にしたのですから。でも、危機はこのときだけではありませんでした。

さまざまな生物が出現したカンブリア紀以降、生きものの種が大量に絶滅したときが5回もあったのです。大絶滅が起きると、繁栄する生きものが変わりました。

1回目の4億4000万年前に起こった大絶滅では海面の低下と上昇が起こり、生物の主役だった三葉虫などの大半が絶滅しました。3回目の2億5000万年前の大絶滅のときは、酸素濃度が急激に低下して、96%もの生物種が絶滅し、酸素を効率的に取り入れるしくみを身につけた恐竜たちが繁栄していきます。その恐竜も6500万年前に起こった5回目の大絶滅で姿を消してしまいます。このとき、急激な温暖化ののち寒冷化が起こりました。私たちの祖先であるほ乳類が生きのびられたのは、体温を一定に保つことができたからと考えられています。そして極寒の地球でも私たちの祖先は冬眠という手段で、この困難を乗り切ったそうです。それを期に、ほ乳類の繁栄の時代がはじまりました。私たちの祖先たちは、弱い生きものだったときも必死で生きのびてきました。38億年前にいのちが誕生してからあなたが誕生するまで、いちども途切れることなく、生きのびて子孫を残してきた結果、あなたが生きているのです。

これがいわば、いのちのタテのつながりです。

もうひとつ、あなたのいのちを考える上で、見落としてはならないことがあります。それは、あなたはひとりで生きているのではないということです。いわばいのち同士のヨコのつながりの中で生きているのです。

38億年のあいだ、いちども途切れずつながれてきたのが今あるいのち

――ヨコのつながり？

ええ。食べ物で考えてみましょう。あなたは今日、なにを食べましたか？　思い出したら、材料はなにだったかぜんぶリストにしてみてください。材料の一覧表《いちらんひょう》ができたら、いのちのあるものとないものに分けてみてください。

たとえば、カレーライスの場合を考えてみましょう。

材料
肉――鶏《にわとり》、牛、豚、羊などを殺して肉にしていますから、いのちのあるものですね。
じゃがいも・にんじん・たまねぎ――植物もいのちあるものですよね。
ルー――?
油――サラダ油なら大豆《だいず》が原料ですからいのちあるものです(なたね油、ごま油、オリーブ油……食用油はみんな植物が原料です)。バターの場合は、牛乳が原料ですから、もちろんいのちあるものです。
水――いのちではない?

ルーは見ただけではわかりませんが、市販のものでも、原材料(添加物《てんかぶつ》はここでは考えません)は、小麦粉、油脂《ゆし》(植物油やバターなど)、スパイス(唐辛子《とうがらし》や胡椒《こしょう》、ターメリック、クミンシード、コリアンダーなど)、砂糖(さとうきび、てんさいなどからつくられます)、塩などです。塩以外はすべて植物からつくられています。
では塩は? 塩は海水から塩分(塩化ナトリウム)を取り出したものです(ヨーロッパやアメリカ大陸ではもとは海だった地層から岩塩《がんえん》を採取《さいしゅ》する場合も)。これは生きていたものではないようですね。

私たちが食べているものは、水と塩以外みんないのちあるもの

こうしてみると、カレーライスの原料で、いのちでないものは、塩と水だけです。

――ソースや調味料《ちょうみりょう》は？

ウスターソースは、たまねぎ、にんじん、トマト、にんにくなどの野菜、スパイス、酢《す》（穀物《こくもつ》や果実《かじつ》からつくります）、塩、砂糖などを煮詰め、熟成《じゅくせい》させてつくります。醤油《しょうゆ》は大豆、小麦、塩を麹菌《こうじきん》（もちろん生きています）などをつかって発酵《はっこう》させてつくります。やはり塩と水以外の原料はいのちがあるものです。

そして、あなたが食べるいのちは、あなたと同じく、38億年間ずっとつながれてきたいのちです。

私たちはどんな生きものも例外なく、ほかの生きもの（動物や植物だけでなく、細菌や菌類なども）とつながって生きています。誰ひとりとして、ほかの生きものと関係しないで生きていくことはできません。

同じ場所にすむ生きものがつくる環境を生態系と言いますが、生態系ではさまざまな生きものがさまざまに関係しあっています。草や木の葉、木の実は昆虫やウサギ、ウマやウシなどの草食動物、鳥などのエサとなります。その昆虫やウサギなどの小動物、鳥など

は、キツネやオオカミ、ライオンなどの肉食動物やタカやワシなどの猛禽類《もうきんるい》に食べられます。そして誰にも食べられない肉食動物の糞《ふん》や死骸《しがい》も、ほかの生物の糞や死骸と同じように、微生物によって分解されて土にもどり、植物の養分となります。こうして、生態系では生きものを形づくる物質が循環《じゅんかん》しています。

――人間は糞（便）もトイレに流すし、死んだら火葬《かそう》にするから、食べるばっかりで、ほかの生きものの役に立ってないね。

たしかに今の日本では、便や遺体が直接的にほかの生きものに食べられるということはなくなりましたが、数十年前までは、直接的に生態系の循環の中に入っていたんですよ。昭和の初めごろまでは、棺桶《かんおけ》に入れた遺体を土に埋める土葬《どそう》のほうが一般的でした。私たち人間の体もその場で土にかえっていたのです。また、農家は屎尿《しにょう》（人間の大小便）を集めて田んぼや畑の肥やし（肥料）にしていました。

――えーっ！　その野菜、食べてたの⁉

もちろん。汚いと思いますか？　ちゃんと分解されているから大丈夫。有機農法では、この循環を取り入れて、ニワトリやウマ、ウシなどの家畜の糞を発酵させて肥料にしています。

こうしてぐるぐる循環するのが生きものの世界であり、地球の環境です。食べる食べられるという関係だけではありません。

生きものを形づくるのに必要で、もっとも重要な元素である炭素も循環しています。分解された糞や死骸から、炭素は土に返されます。その炭素を取り込んだ植物は大気中の二酸化炭素を取り込んで太陽の光で光合成を行い、炭水化物をつくって酸素を放出します。その葉を食べた動物は息を吐いて二酸化炭素を大気中に戻します。植物も夜の間は呼吸をしますから、二酸化炭素を大気に戻します。生きものの死骸が堆積してできた石炭や石油を燃やすと何百万年も蓄積されていた炭素が大気中に放出されます。

水も、海をはじめ地上からも蒸発して雲になり、雨として地上に降ってきた水を植物や動物が体の中に取り入れては出したものが再び海にもどります。

あなたのいのちは、38億年ずっとつながれてきたものだけど、体は、環境の中をぐるぐる循環している物質で形づくられている。あなたのいのちは、時間的なタテのつながりと、地球環境というヨコのつながりの中にあります。

いのちは、38億年のタテのつながりと地球環境というヨコのつながりの中にある

ところで、人間はほかの生物とちがって、そうしようと思えば自分で自分を殺すこともできます。実際、日本では毎年約3万人もの人が自殺しています。まるで、自分のいのちだから、自分が殺してもいいというように。私たちはいつの間にか自分のいのちは自分のものと思ってしまっているのかもしれません。

――自分のいのちは自分のものじゃないの？

今まで見てきたように、壮大なつながりの中にいのちがあるのに、それを自分のものだと言えるでしょうか？　私にはそう思えません。

死ぬことについて考えてみましょう。

私たちは、いのちの営《いとな》みの中で、生まれてやがて死んでいきます。誰ひとり死なない人はいません。動物や植物も生まれては死んでいくことを繰り返しています。生命はいずれ死ぬものだと思いますよね？　ところが、バクテリアなど、分裂《ぶんれつ》していのちをつぎつぎにつくっていく、自分の一部をどんどん増やす、という繁殖《はんしょく》の方法をとる生きものは、生きている環境が決定的に変わらないかぎり、どんどんいのちを更新《こうしん》しつづけます。ある意味、死なないと言ってもいいような存在だと知ったとき、私はびっくりしました。

じゃあ、私たちが死ぬのはどうしてなのか、それを考えると、「性」にいきつきます。「性」というシステムは、オスとメスから異なる遺伝子を持ち寄って次の代のいのちをつくるわけですから、自分とは少しちがう子孫《しそん》が残せることになります。それによって進化のスピードが劇的に速くなり、さまざまに進化できるようになりました。トータルとしてのいのちが生き残る確率を上げていくかわりに、子を残したら親という個体は死ぬシステムです。つまりこのときから、個体としてのいのちには「寿命」というものがセットされたのです。

38億年もの長い長いいのちの歴史を書いたＤＮＡの手紙を大切に次の代に手渡すためには、同じひとつの個体が生き続けるより、異なる個体が協力しあって、次代へと渡していくことのほうがはるかに優れた方法なのでしょうね。

だとすると、「死」は確かに悲しいことではありますが、トータルないのちとしては、あらたな出発点になっているのではないでしょうか。あなたにつながるいのちは常に自分自身だけでは完結せず、他者と協力しあうことによって次の世代を残すという本質をずっと持ちつづけることで、生きのびてきたのだと言えるかもしれません。なんだかすてきなことだと思いませんか？

先ほど私は人生にとって最大のドラマのひとつは「誕生」であり、もうひとつは「死」だと言いました。人は一生でただ1度しか死ぬことはできません。どんな死に方をするのか……と「死」を考えることは、どう生きるかを考えることに直結しています。時間的、空間的にたくさんのいのちの仲間たちに支えられて今を生きているのだとすれば、私は死の瞬間まで、いのちとしてより良く生きていたいと思います。だって、それがきっと新しいいのちの出発にもつながっているのでしょうから。

あなたのいのちは、あなたという個体だけのものではない。人はみんな——いいえ、いのちあるものはみんな、宇宙的な存在なのです。

——宇宙的？　抽象的でわかりにくいな……。

では、別の面からお話ししましょう。

あなたという〝個体〟を形づくっているのは60兆個もの細胞です。そしてその細胞はすべて137億年前——宇宙誕生のときに爆発した直径0・0000000001ミリよりもっと小さな火の玉のかけらのようなものからできていることが、現代の科学でわかってきました。

この小さな小さな火の玉のかけらを、科学者たちはクォークと呼んでいます。あなたはこのクォークからできている。そして、あなたが死んだあとは、そのクォークはまた新しいいのちに取り込まれていきます。あなただけではありません。地球上のすべてのいのちも――いいえ、宇宙に存在する星もすべてがこのクォークからできているのだそうです。

生命科学者の柳澤桂子《やなぎさわけいこ》さんはこう言っています。

たくさんのいのちの流れの中で、あなた自身とはいったい何なのでしょう。星のかけらから生まれ、星のかけらを食べて生きているあなた。宇宙の中ですべてのいのちはいろいろな色の糸で織《お》られた1枚の布のようなものではないでしょうか。

『お母さんが話してくれた生命の歴史3 進化する生き物たち』岩波書店

――星のかけらから生まれて、星のかけらを食べている!? ますますわからない……。

そうかもしれませんね。それでは、宇宙科学者のカール・セーガン氏と公私にわたるパートナーであるアン・ドルーヤン氏の共著から次の言葉を紹介したいと思います。

性をもつ生物は、死ぬように「設計」されている。死は定めである。限界とか、はかなさとかいったものを感じさせるものであると同時に、死は、われわれを生かそうとして死んでいったたくさんの先祖《せんぞ》たちに結びつく、せつない記憶《きおく》でもある。

『はるかな記憶』朝日新聞社

どうでしょう？　あなたのいのちはあなたという個体だけのものではない、宇宙的な存在なのだと思いませんか？

この本の初めに、先住民族《せんじゅうみんぞく》と呼ばれる人々が生死についてのいろいろなお話や信仰を語り伝えていると私は言いました。私はこのごろそのお話が、科学者たちが科学的な方法で探り得た事実と、あまりにもぴったり対応することに驚《おどろ》きを感じています。

たとえば、アイヌの人々は身の回りのすべてのものに神（カムイ）が宿っているとして、植物も動物も火も川も……あらゆるものに感謝し、大切にしていました。殺してきたクマを大切に送るイヨマンテの儀式は有名ですが、そんな大きなものだけではありません。なべや茶碗などがこわれたときにも、外の祭壇《さいだん》のわきにヒエやアワなどの供え物と一緒にそっとおくのだそうです。それは物が役割を終えたとき、その霊《れい》をカムイの国に送る感謝の儀式。人間の生きているこの世界（アイヌモシリ）では、みな何かしらの役割を持って天から降ろされてきているが、やがて死ぬときはカムイの世界へ戻っていく——つまり、すべてのものはカムイの世界とアイヌモシリの間を巡っているものだと考えているのです。

アイヌの昔話（ウェペケレ）には、こんな一節がよく出てきます。

ヤクサクノ　カントオロワ　アランケプ　シネプ　カ　イサム

役割なくして天から降ろされてきたものはひとつもない、という意味です。

また、沖縄の人々の間には「ニライカナイ」という信仰があります。ニライカナイとは、海のむこうにある神の国、ユートピアですが、そこから神が来ると考えられているのです。面白いのは、このニライカナイには自分たちの先祖がいるとも考えていることです。そして7代さかのぼるとその祖先が神になるという思想もあるそうです。ニライカナイとは死んだら行く国であり、また生まれるときそこから来るという場所でもあります。ニライカナイを通していのちは巡っていると考えたのです。

また、アメリカの先住民族（ネイティブ・アメリカン）たちは、「サークル」という思想を持っていることが知られています。すべてがサークル＝輪の一部として巡っていて、終わりもはじまりもない。だから自分が生きているのは今だけではなく遠い過去とも、そして7代先の未来の子どもたちともつながっていると考えます。そして、今を生きるすべてのもの——動物、植物、自然——とつながっていることを感じ、それらの教えに静かに耳を澄《す》ますのだそうです。

似ているると思いませんか？　そう、いのちが自分だけのものでなく、今だけのものでもなく、つながっているという認識。――これはまさに現代の科学が行き着いた、すべてはクォークからできているという結論につうじるものではないでしょうか。

「原始的」「非科学的」あるいは「野蛮《やばん》」とさえ言って、先住民族をさげすみ、征服してきた近代というものに、疑問を投げかける人も多くなりました。むしろ、そこから積極的に学ぼうとする人も出ています。差別されつづけた人々が自分たちの民族・文化に誇《ほこ》りを持って次の世代へ継承《けいしょう》していこうとする努力も生まれています。彼らは「科学する」という方法とはまったくちがう方法で真実を「感じる」ことができるのかもしれません。

自然とともに生きる人々の知恵《ちえ》の深さに私は畏敬《いけい》の念を抱きます。人間だけがこの世に君臨《くんりん》して地球や他の生物を欲望《よくぼう》のままに使ってよいのではありません。私たちひとりひとりのいのちもこの宇宙の中のあらゆるものと同じ、サークルの中の一部であるということを、あなたにも忘れないでいてほしいと思います。

第2部

どうして「性」があるの？

1 「性」があるから「死」があるってどういうこと?

――「性」と「死」の関係って?

第1部の終わりでもお話ししましたが、地球上でいのちが誕生《たんじょう》した初めのころは、どのいのちにも「性」の区別は存在しませんでした。「性」を持つ有性生物《ゆうせいせいぶつ》は進化の過程で登場したのです。では、どうして有性生物は登場したのでしょうか。

順を追って見ていきましょう。

有性生物とは、「有性生殖《ゆうせいせいしょく》」で繁殖《はんしょく》する生物、「性」がある生物です。有性生殖とは、人間の場合で見たように、オス(男性)とメス(女性)がそれぞれ自分の遺伝情報の半分を持った精子と卵子(=「配偶子《はいぐうし》」と言います)をつくり、それが融合《ゆうごう》して次のいのちがはじまる繁殖の方法です。

では、どんな生物が有性生殖をするのでしょう。

私たちほ乳類《にゅうるい》は人間でも犬でもネコでもブタでもネズミでもウマでもゾウでも、クジラやイルカなど海に生きるものも、みなオスとメスが交尾《こうび》（人間の場合は「性交」）して、メス（女性）のお腹から赤ちゃんが生まれる、という有性生殖をします。

ハトやニワトリ、ワシ、ペンギンなどの鳥類は、卵から産まれますが、オスとメスが交尾してメスが卵を産む有性生殖です。ヘビやトカゲ、カメなどの爬虫類《はちゅうるい》も同じです。

昆虫たちも交尾をしてメスが卵を産むスタイルです。

カエルやサンショウウオなどの両生類《りょうせいるい》はメスが産んだ卵にオスが精子をかけて受精させます。魚類《ぎょるい》も同じ方法で有性生殖します。

動物だけではありません。植物にも雄《お》しべと雌《め》しべがあり、雄しべから出た花粉が雌しべにくっついて、そこから花粉管《かふんかん》と言われる細い管が伸びて、精細胞《せいさいぼう》（＝精子）が胚《はい》のうの中にある卵細胞（＝卵子）に到達（＝受精）し、種ができます。

――生きものはだいたい有性生殖なんだね。

さまざまな生物が有性生殖をしますが、私たちになじみのある生きものは有性生殖をするものが多いです。それは複雑な構造を持つ生物です。受精のための過程も、特別なホルモンを出して相手を引き寄せたり、相手を獲得《かくとく》するためにオス同士が争ったり、メスにアピールするために美しい羽を広げたり、美しい声で鳴いたり。動けない植物は精子（花粉）を運んでもらうために虫たちを蜜《みつ》で誘《さそ》ったり……なかなか複雑で大変そうです。

ときには生殖はいのちがけ。羽を広げたために天敵に見つかってしまったり、カマキリのオスが交尾のあとでメスの視界《しかい》の中で動いて食べられてしまったり。こんな危険を冒《おか》してまで、生殖を行います。

どうして生きものは、こんなに複雑でときに危険でもある有性生殖をするのでしょうか。いったいいつごろから有性生殖をするようになったのでしょうか。生命の歴史を調べてみると、生物が有性生殖という方法を見いだしたのは、今から15億年前、たくさんの細胞からなる複雑な構造を持った生きものが登場する5億年くらい前のことです。そのころ、単細胞生物の中に、配偶子をつくって互いに遺伝物質《いでんぶっしつ》を交換して繁殖するという方法、つまり有性生殖をする生きものが現れました。

35億年前にバクテリアが登場してから20億年もの長い間は、海の中にいたのは、無性生《むせいせい》殖《しょく》で繁殖する無性生物だけでした。

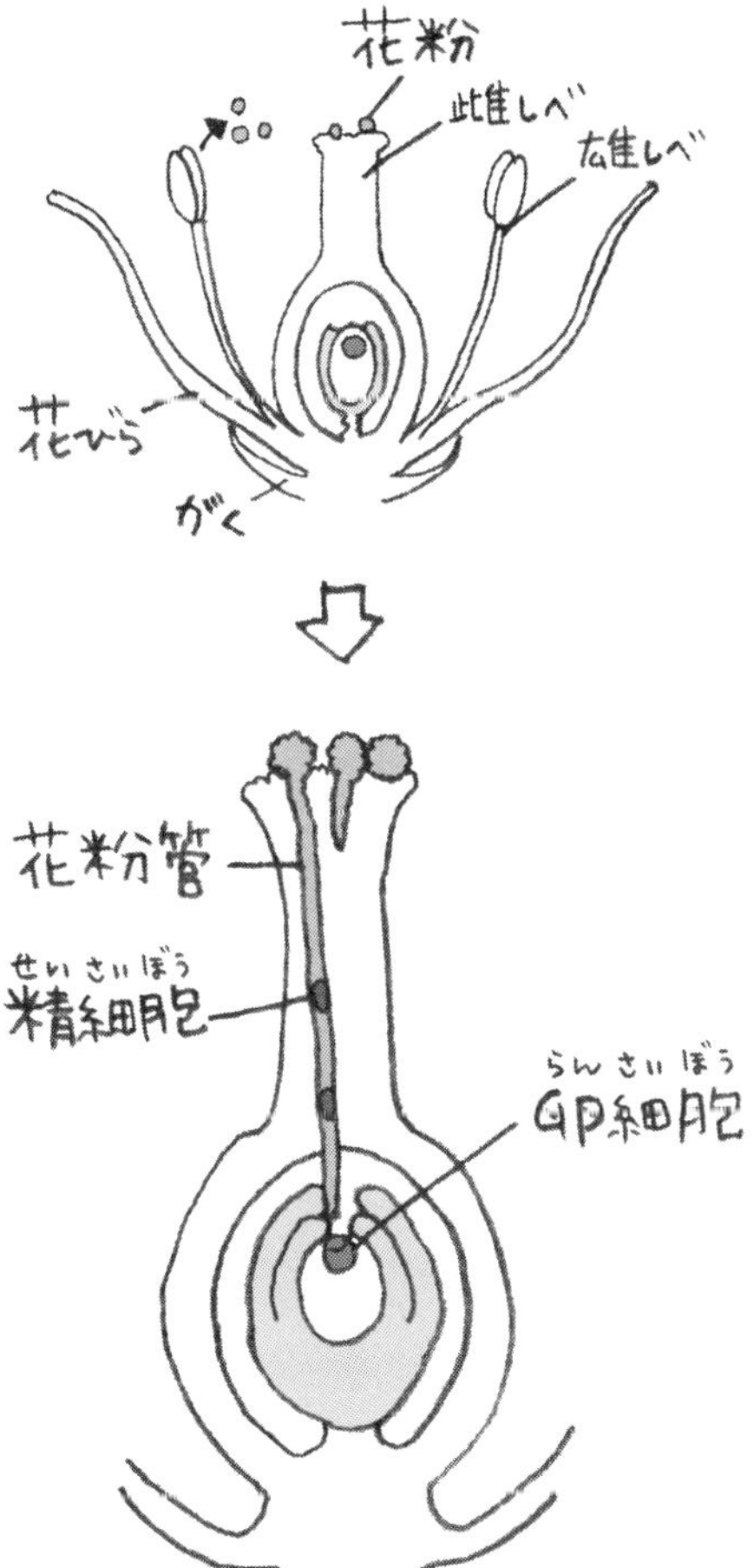
花粉
雌しべ
雄しべ
花びら
がく
花粉管
精細胞《せいさいぼう》
卵細胞《らんさいぼう》

――いのちの歴史の半分以上は無性生殖だけだったんだー。

そうです。有性生殖はわりと新しいのです。生命が長らく繁殖してきた無性生殖という方法は、1匹の個体が2つに分かれたり（分裂《ぶんれつ》）、体の一部が分かれてもう1匹の個体になったり（出芽《しゅつが》）する方法です。自分と同じ遺伝情報を持った同質の個体を増やし、1匹の個体で生殖できるのが大きな強みです。

それに対して有性生殖の場合は、オスとメスがそれぞれ自分の遺伝情報の半分を持った配偶子（精子か卵子）をつくり、それが融合してひとつになりますから、生殖には2匹必要で、子の遺伝情報は親のどちらとも異なります。

また、生殖に2匹が必要ということは、別々に生きている2匹のオス・メス、それぞれの配偶子同士が出会わなければなりません。海の中ではかなり難易度が高いでしょう。

繁殖方法としては有性生殖は無駄が多いようです。

どうして、こんな生殖の仕方をするものができたのでしょうか？　数を増やすことでは、無性生殖のほうが手っ取り早くて効率がいいのです。

そのうえ有性生殖の場合、1匹の個体がどんなにその環境に適した遺伝情報を持ってい

有性生殖は繁殖方法としては無駄が多い

ても、その遺伝情報はその個体かぎりです。子には少しちがう遺伝情報しか残せません。安定した環境に住んでいる場合には、かえって不利になってしまいます。それなのに、自分のコピーではなく少しちがうものを子として残すのはなぜか?

この問いに対して、生物学者たちは、ウイルスや細菌《さいきん》などから身を守るためではないかと考えました。ウイルスや細菌は生物の体内に侵入して病気の原因となります。太古の海に生きる単細胞の生物たちもウイルスや細菌の攻撃にさらされていたのです。

ウイルスや細菌などが生物の体の中に入り込むには、その生物の防御体制《ぼうぎょたいせい》を見破《みやぶ》らなければなりません。いわば鍵穴《かぎあな》を見きわめて鍵をつくるようなものです。いったん鍵ができれば、無性生物の場合、子は親のコピーですからどの個体にもすべて侵入できます。生物の側からするとそうなっては大変です。生殖のたびに体のつくり(鍵穴)を変えておけば、親は防げなかった攻撃も、子は防ぐことができます。

また、ウイルスや細菌は1種類ではありません。つねに新しいものが攻撃してきます。

――新型インフルエンザみたいに?

そのとおり。ウイルスや細菌はつぎつぎに型を変えますから、同じ防御体制では新型の攻撃を防げません。防御体制もつねに新しくしつづける必要があります。このようなことから、生物は生存しつづけるために、つねに体のつくりを少し変えつづける方法、つまり有性生殖を獲得したのだ、という仮説がたてられました。

この方法を獲得した生物たちは、その後の長い生命の歴史の中でも有利《ゆうり》だったと想像できます。生物をとりまく環境は暑くなったり、寒くなったり、急に水浸《みずびた》しになったり、干《ひ》上《あ》がったり、さまざまに変化します。生き残るためには環境変化に対応できなければなりません。また、生物同士、食べたり食べられたり、あるいは食べ物を取り合う関係だったりなど、自分以外の生きものとの関係にうまく対応することも必要です。生物にはさまざまな適応能力《てきおうのうりょく》が求められるのです。変化できなければならない、とも言えます。だとすると、同じ遺伝情報の中で対応するより、遺伝情報を変えるほうがより幅広く対応できる可能性がでてくるでしょう。

現在、地球上では植物や動物など有性生殖をする生きもののほうが主流です。私たちの祖先が選んだこの方法が生き残るために有効だったことはあきらかです。「性」は生き残るための戦略、少しでも生存の確率をあげていくための作戦だったのです。

ただし、有性生殖では、ある遺伝情報を持つ個体は1回きりで死んでしまいます。どの個体も自分とは少しちがう子を残して死ぬことを意味しました。自分と同じ個体を増やす

有性生殖とは、自分と少しちがう子を残して自分は死ぬこと

無性生殖ではありえない1回きりのいのち、1回きりの死です。親となる個体は別の個体と共同で子を残し、自分たちは死んでいきます。

たとえ自分たちは死んでも、子の世代には親の世代よりもいいものができる可能性があることに、生物は懸《か》けたのです。もちろん、よくないものができる可能性もありますが、自分とはちがうものを残すので、環境が変わっても生き残るチャンスが生まれる。だからこそ、いのちはそのチャンスに生き残りを託《たく》して、自分は滅《ほろ》びても次の世代をつくっていく方法を獲得し、選んだのです。

科学者たちの考えるこの仮説は、1973年にアメリカの進化生物学者のリー・ヴァン・ヴェーレンによって提唱《ていしょう》されました。「赤の女王仮説」と呼ばれています。ルイス・キャロルの『鏡《かがみ》の国のアリス』にちなんだ名前です。物語の中、アリスは鏡を通り抜けた向こう側のチェスの世界で赤の女王に出会います。ふたりはすごいスピードで走りますが、なぜかいくら走っても同じ場所にいます。おどろいたアリスに女王は「ここではね、同じ場所にとどまるためには、思いっきり走らなければならないの」と言うのです。

有性生殖とは、生存しつづけるために変化しつづけること。しかも変化しつづけるために親は子に自分の遺伝情報の半分を残して死んでいきます。言い換えれば死を繰り返すことで生き残る、という戦略でした。「生きつづけるために死につづける」と言うこともで

きます。それは「同じ場所にとどまるためには、走らなければならない」という赤の女王の言葉と通じるところから、こう名付けられました。

――「性」と死ぬことに関係があるというのはそういう意味だったんだ。

そうです。私たちがどうして死ぬのか、ひとつの答えがここにあると言えます。

面白いことがあります。ゾウリムシは分裂して増える単細胞生物のひとつですが、650回くらい細胞分裂を繰り返していると元気がなくなってきますが、そんなとき、別のゾウリムシと体をつなげて遺伝子を交換します。そうすると、元気を取り戻してまた650回くらい細胞分裂するのです。バクテリアの中にも、ときおり2匹のバクテリアが互いの体をつなげて、細胞の中身の一部をもらったりあげたりするものがいます。これは「接合《せつごう》」と呼ばれる現象です。

進化生物学者の長谷川眞理子さんはバクテリアの接合を「バクテリアのセックス」とも呼んでいます。接合はバクテリアにとって危険をともなう行為だそうです。一方のバクテリアからもう一方のバクテリアへ、細胞の中身の一部を移すので、あげたほうの細胞が少しやせてしまいます。そればかりか、なにかの拍子《ひょうし》に一方の細胞の中身全部がもう一方の

いのちをつなぎつづけるには
同じものをコピーしつづけるのでは限界がある

細胞に流れていってしまうことがあり、中身がなくなったバクテリアは空気の抜けた風船のようにぺしゃんこになって死んでしまうというのです。

危険を冒しても他の誰かと混《ま》ざる。バクテリアのこの行為は、生物がいのちをつないでいくためには、同じものをコピーしつづけていては限界があることを示しているようです。

ところで、ゾウリムシやバクテリアはオス、メスのちがいがありませんから、遺伝情報を交換する相手は別な個体であればどれでもかまいません。じつは有性生殖も、はじまりのころはオス・メスの区別がなかったと考えられているのです。

――えっ？ 有性生殖なのにオス・メスがないってどういう意味？

たしかに、有性生殖とは、メスがつくる卵子とオスがつくる精子が融合して受精卵になる生殖方法、と説明したばかりです。生物によって受精する方法に少しちがいはあるものの、いずれも卵子と精子という2種類の配偶子が融合して受精卵をつくります。

けれども、有性生殖をはじめたころには、配偶子には卵子と精子の区別がなかったと考えられているのです。

卵子と精子はどちらも親の遺伝情報の半分を持つ配偶子です。卵子と精子はどうやって出会う（受精する）かといえば、どの有性生物の場合でも大きな卵子のところに小さな精子たちが注入されたり、ふりかけられたりしています。卵子が大きいのは栄養をたっぷり持っているからで、精子が小さいのはほぼ遺伝情報しか持っていないからです。

ではどうして、栄養を持った大きな卵子と、遺伝情報だけの小さな精子ができたのでしょうか。生物学者たちは次のようなことが起きたのだろうと考えています。

太古の海の中で有性生殖をはじめた生きものたちは、それぞれが、自分の遺伝子の半分がつまったなんらかのパッケージ（＝配偶子）を海の中に放出し、放り出された配偶子同士が出会うと子になります。初めは、別々の個体が放出した配偶子同士が出会って遺伝子を合体できればよかったのです。けれども、配偶子同士が出会えるかどうかはまったくの運《うん》まかせ。海の中で２つの配偶子が出会うのはかなり確率の低いことです。大半の配偶子がいのちになれずに死んでしまったことでしょう。

そんな中、海の中で生きのびるために栄養を持った配偶子もでてきます。たくさん栄養を持ったもの、少ししか持たないもの、まったく持たないもの、とさまざまな配偶子が現れます。結局、栄養を持たないため身軽な配偶子が大量にあって、一方では栄養をたっぷり持って長く生きられる配偶子が少しある、という組み合わせがもっとも出会う確率が高く、かつ受精卵の生存率が高い組み合わせだった……というものです。

生殖において役割分担したのがオスとメス

すると、この2つのタイプの配偶子ばかりがつくられるようになります。2種類の配偶子は正反対の性質を持っていますから、つくり方も同じとはいきません。そこで、大きくて栄養たっぷりの配偶子（卵子）を専門的につくる個体、小さくて機動性のある配偶子（精子）を専門的につくる個体に分かれ、それぞれに必要な器官《きかん》を備《そな》えたオス・メスに分かれたと考えられています。卵子をつくるのがメス、精子をつくるのがオスです。オスとメスは有性生殖の成功率を上げるための配偶子の形から生まれたのです。

――メスだから卵子をつくる、オスだから精子をつくるんじゃなくて、卵子と精子が先にあって、それをつくるためにメスとオスができていたんだ！

そうです。他者と協力して新しい命をつくるという有性生殖において、役割分担《やくわりぶんたん》したのが私たちの祖先が確立したオスとメスのしくみなのです。人間の男性と女性も、もとをたどれば生殖の成功率を高めるために役割分担した遺伝子のパッケージ（配偶子）の2つのタイプからはじまったのです。オスもメスももとは同じだったのです。

エフェロタという単細胞生物は、オス・メスの区別を持つ原始的な生物と言われていますが、形を見る限り、オス・メスに大きなちがいはありません。あなたの身近にも面白《おもしろ》い生物はいますよ。カタツムリのことは知っていますか？　1匹のカタツムリがオスもメスも両方の性質を持っています。だから同じ水槽《すいそう》に2匹以上のカタツムリをいれて飼《か》えば、卵が産まれ、かわいい赤ちゃんをたくさん見ることができます。それから、南洋にすむクマノミという魚は、生まれてきたときはすべてオス。群れの中で一番大きなオスがメスに変わるのですよ。性にもいろいろなしくみがあるのです。

次の章では人間の性について、もとは同じものがどのように男性と女性になるのかを見ていきましょう。

2 人間の男女はどうやってできるの？

――人間の男女って、オス・メスとはちょっとちがうような気がする。

そのとおりですね。「男女」と「オス・メス」のちがいってなんでしょう？　それについては第3部で考えたいと思います。ここではまず人間の性（男女）がどのように形づくられていくのかを見ていきましょう。

胎児《たいじ》がお腹の中で38億年の進化の歴史をたどるとお話ししましたが、性についても進化の歴史のとおり、初めのころ胎児に性別はありません。

――えっ？　精子の染色体《せんしょくたい》がXかYかで性別が決まるんじゃなかったの？

そのとおりです。人間の染色体は23組46本で、そのうちの1組を性染色体《せいせんしょくたい》と言います。性染色体にはXとYがあって、卵子（X）と精子（XかY）の組み合わせで、受精卵《じゅせいらん》の性染色体がXXになれば女の子、XYになれば男の子としていのちがはじまります。

けれども、いのちとしてスタートした当初は、性染色体の組み合わせがどうであれ、性別によるちがいはありません。性染色体が働きはじめるのは少し後になってからです。スタートしたばかりのいのちは、まずは存在自体に関わる体づくりに専念《せんねん》します。

91ページの図を見てください。胎児の生殖器《せいしょくき》になる部分は初めは男女の区別はありません。性的なちがいがではじめるのは、妊娠8週目（妊娠3ヵ月の初め）くらいからです。ちょうど小さいながらもだいたい人間の形ができたころです。

8週目を過ぎると、生殖器官は女性型と男性型に分かれて成長していきます。外性器《がいせいき》の成長過程を見てもわかりますが、女性型の成長過程で、男の子の場合は途中から各器官が男性型に変化していきます。これを「分化《ぶんか》」と言います。分化のきっかけは、Y染色体に含まれるSRY（Sex-determining region Y＝Y染色体性決定領域《せんしょくたいせいけっていりょういき》）遺伝子と呼ばれる遺伝子がつくります。

XXの染色体の胎児の場合、Y遺伝子がありませんから、分化のきっかけが起こりません。その場合、生殖腺《せいしょくせん》は卵巣《らんそう》として成長していきます。外性器は小陰唇《しょういんしん》、大陰唇《だいいんしん》、陰核《いんかく》

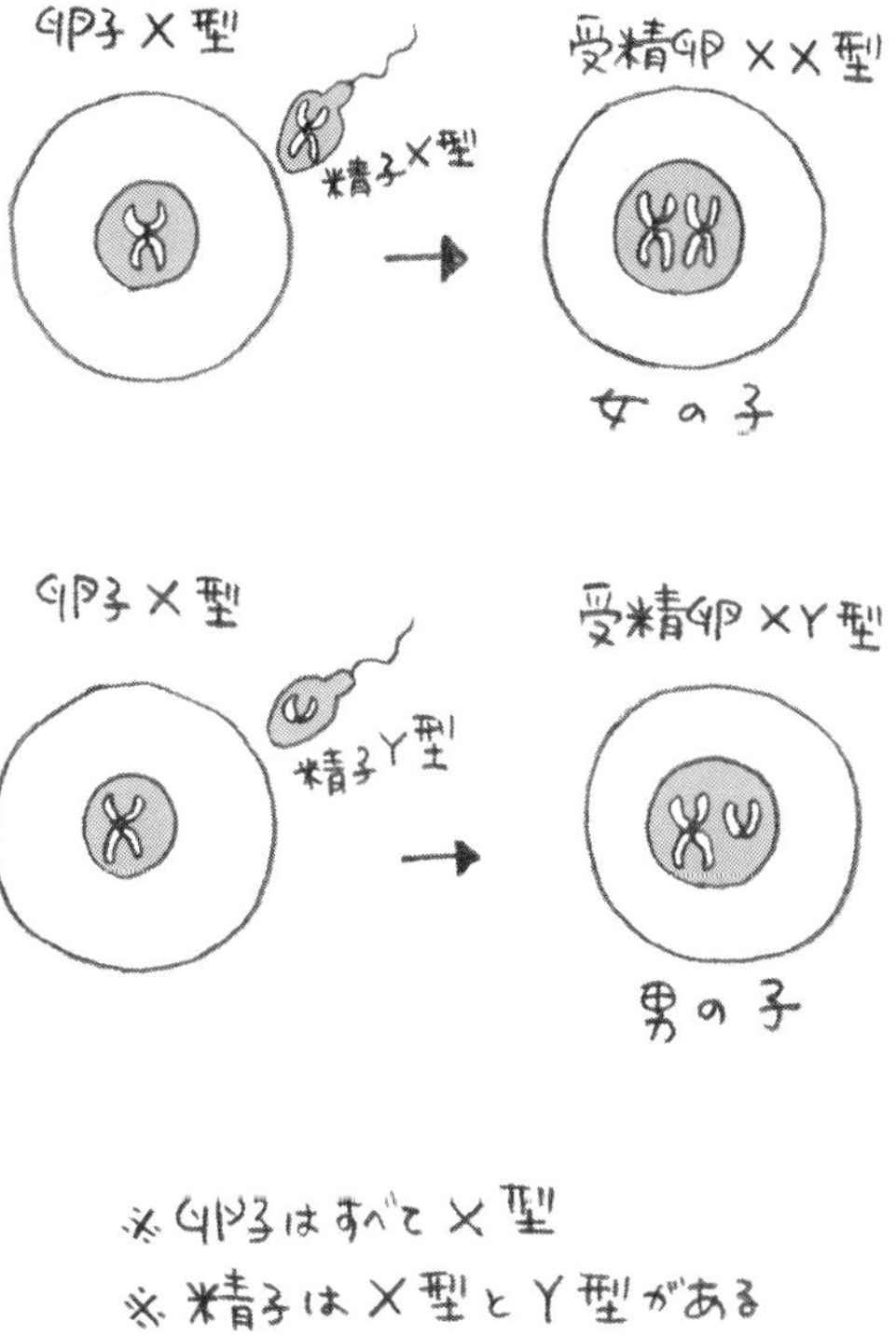

人間には２本で１対の染色体が 23 組（＝ 46 本の染色体）あり、そのうちの１組が性染色体です。

　卵子、精子には 23 組の片方ずつ、23 本の染色体が入っていますが、ここでは、そのうちの性染色体（１本）だけを描いています。受精卵になると、23 組 46 本の染色体になります。

（クリトリス）などがはっきりしてきます。

一方、XY染色体を持つ胎児の場合、妊娠8週目くらいにSRY遺伝子が働いて指令を出します。すると、生殖腺は精巣《せいそう》へと育っていきます。精巣ができるとそれにともなって男性ホルモンが増え、その影響で各器官が男性型へと変化していきます。外性器の割《わ》れ目があわさり、結節や尿道口《にょうどうこう》の部分が伸びて、ペニスになります。大陰唇の部分は陰《いん》のうになり、体の中で成長した精巣はだんだんと下降してきて陰のう内におさまります。

――もとは同じなのに、こんなに変わるんだ。

そうですね。でも、胎児が38億年の生命の歴史をたどることを思い出してください。魚と同じような形をしていたのに、わずか数週間で人間の形になることを思えば、生殖器の分化（役割分担）は、マイナーチェンジと言えます。進化の歴史を終えて人間の形にまで成長したのちに、胎児は女性型、男性型に分かれて成長をはじめるのです。

このように、XX染色体を持つ胎児は女の子に成長し、XY染色体を持つ胎児はY染色体の働きにより男の子に成長する、というのが人間の場合の典型的《てんけいてき》な成長のパターンです。多くの赤ちゃんがこの成長過程を経て生まれてきます。

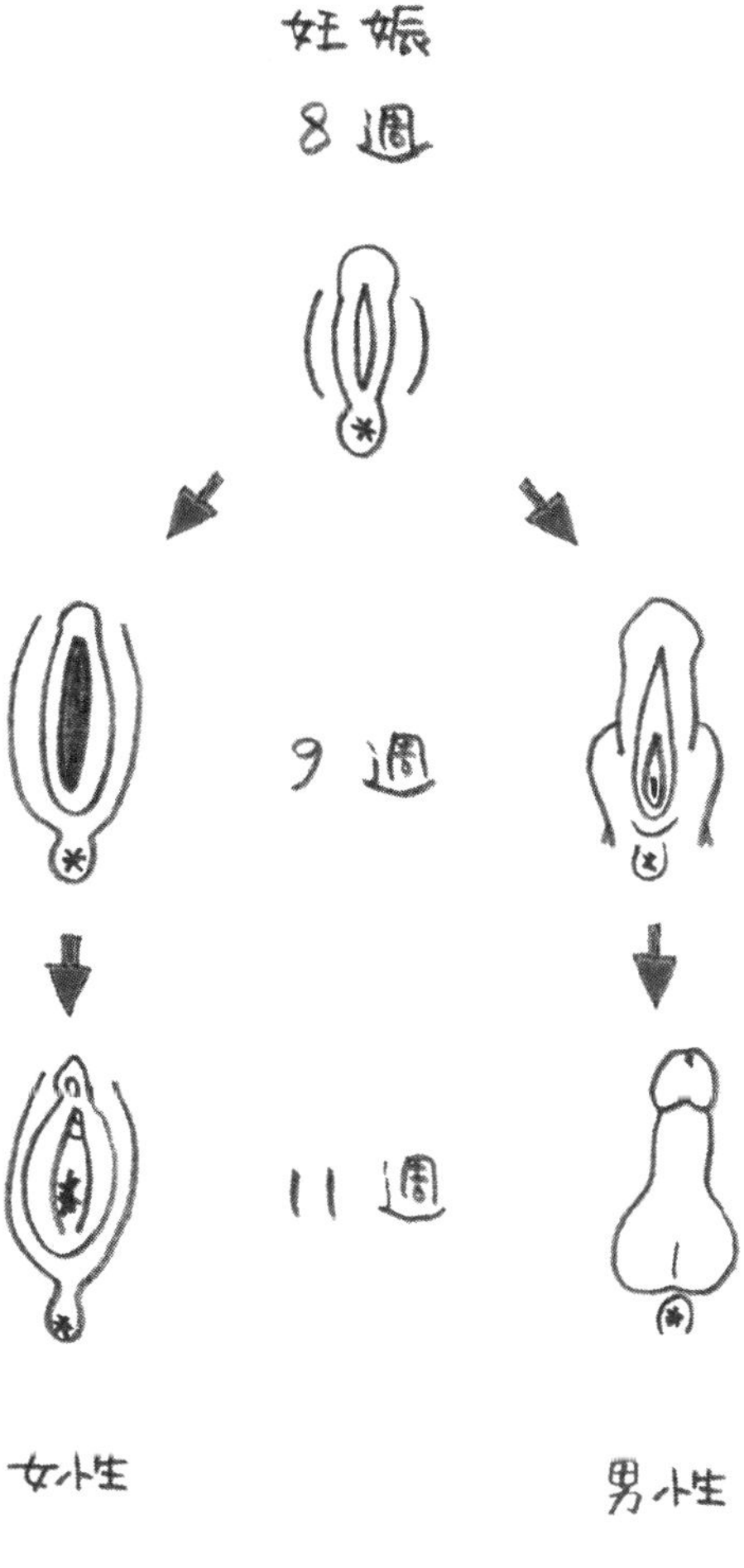

ダイヤグラム・グループ編『新版ウーマンズ・ボディ』鎌倉書房より作成

——そうじゃない赤ちゃんもいるの？

そうです。すべての赤ちゃんが明確な男か女かのどちらかに成長するとはかぎりません。生殖器が成長していく過程はとても繊細《せんさい》で複雑《ふくざつ》ですから、それらすべてがいつでも同じように働くとはかぎりません。さまざまな理由で、典型的な男性型、女性型の生殖器に発達しないこともあります。

性別を考えるときに、生物学的にはすくなくとも次の3つのレベルがあります。

・性染色体の型（XXかXYか）
・生殖腺の形態《けいたい》（卵巣か精巣か）
・外性器の形態（ヴァギナかペニスか）

です。

性染色体に対応して、生殖腺も、外性器もすべて女性型か男性型になるのが典型的なパターンですが、それぞれのレベルのどこかで典型的な成長をしなかった場合、明確な女性型・男性型にはなりません。いつ、どこで、どんな成長のちがいが起こるかによって、さまざまな成長の仕方がありますから、典型的ではない性の形は、明確な男性型と明確な女

生物学的に性別には3つのレベルがある

性型の間にさまざまに存在します。

誕生のとき、お医者さんや助産師《じょさんし》さんは、赤ちゃんの外性器を見て、男女の判別をします（妊娠中のエコー検査で胎児の外性器の形から性別診断《せいべつしんだん》が行われることが多いですが、実際には生まれてはじめて確認できるのです）。けれども、外性器だけでは男女のどちらともわからない赤ちゃんも、一定の割合で生まれてくるのです。このような中間的な性を持つことをインターセックスと言います。

ところが、男女どちらともわからない場合でも、出生届けには性別の欄《らん》がありますから、どちらかに決めなくてはなりません。

――染色体で決めるんでしょ？

そう思っている人が多いのですが、先にあげたように、染色体は生物学的な性別の基準のひとつにすぎません。ＸＸ＝女性、ＸＹ＝男性ということがつねに当てはまるわけではないのです。染色体の型がＸＹでも、Ｙ染色体に男性型への分化のきっかけをつくるＳＲＹ遺伝子がなかったり、あっても働かなかった場合には男性型への変化が起こりません。外見は女の赤ちゃんに成長しますから、エコー検査でも出生時も女の子と判断されます。

この場合、当然女性として育ちます。思春期《ししゅんき》になっても月経《げっけい》がはじまらないので検査して、初めて染色体がＸＹだとわかる、という場合もあるのです。

また、染色体がＸＸ型でも、体つきは男性という場合もあります。染色体の型と生殖腺や外性器の形が同じ性別型とはかぎらないのです。染色体自体、ＸＸ、ＸＹ以外にＸＯ、ＸＸＹなどいくつかあります。

――じゃあ、男とも女とも決められない赤ちゃんが生まれた場合はどうするの？

多くの場合、医師が判断して男か女かを決めて、場合によっては十分な説明もなく、選んだ性ではない生殖器（生殖腺など）を摘出《てきしゅつ》するなどの手術《しゅじゅつ》も行われてきました。

そのとき選択された性別は、その子どもに一生ついてまわるものです。それなのに、子ども本人に正しい情報が伝えられない場合もあり、成長するにしたがってインターセックスの子どもたちが、自分の性やアイデンティティについて深刻な悩みを抱えることにつながったり、手術による身体的な不調《ふちょう》に悩《なや》まされている人もあるそうです。

最近になって、男か女かに無理やり「修正《しゅうせい》」するのではなく、それぞれの子どももそのままの性の形を受け止めようと、インターセックスの当事者たちが声をあげはじめました。

自分がインターセックスであることを公表して作家活動をしている人もいます。性器の形や体つきも人それぞれです。そのちがいがどんどん大きくなれば、どこまでが男で、どこまでが女なのか、明確な線引きはできません。数は少なくても、男女どちらでもない人たちも存在しているのです。

インターセックスについて情報発信している日本インターセックス・イニシアティヴによれば、およそ2000人にひとり（日本では年間600人弱）がインターセックスとして生まれているそうです。

明確な男性型と明確な女性型の間に、さまざまな性の形が存在しているというのが、人間の性の現実なのです。それなのに、社会的には性は男女の2つしかないことになっていますから、すべての人がそのどちらかに振り分けられます。社会や制度が現実を反映していないために、そこに収まりきらない人々が苦しい思いをしているのが現状です。

——性別ってそんなにあいまいなものだったんだ。

大多数の人が生まれたときに「男の子ですよ」「女の子ですよ」と告《つ》げられ、その瞬間《しゅんかん》から男の子として、あるいは女の子として生きるのが普通です。自分は男性か女性に属《ぞく》しているとみなされていて、ずっとその状態で過ごしてきて、それに違和感《いわかん》を感じることもほとんどありません。けれども、そうじゃない人もいるのです。

男だとか女だとかいうことは、なにを基準にするかで変わってしまうものです。区別すること、すべての人をどちらかに当てはめることは、あまり意味がありません。進化の歴史を考えれば、もともと同じものだったのです。いのちの戦略として役割分担しただけですから、くっきりと別なものとして存在するのではありません。はっきり区別できないのが当たり前なのです。

いろんなものをつくり出すのがいのちの戦略であるなら、つねに多数とはちがうものが生まれつづけることもいのちの宿命です。それを多数派とちがうからといって、異端視《いたんし》することと自体、そもそもおかしいのです。男であること、女であることに一生疑問を持たなかった人は、たまたま多数派だったというだけのことです。みんなちがうからいのちなんです。

つねに多数とはちがうものが生まれつづけることはいのちの宿命

女
男

性染色体で男女は判別できない

性染色体で男女の判別ができるはずだ、という思い込みが社会にあったことで、人生を狂《くる》わされてしまった人たちもいます。

1985年、神戸で行われたユニバーシアード大会でのことです。女性として育ってきたスペインの陸上《りくじょう》競《きょう》技《ぎ》選手《せんしゅ》、マリア・ホセ・マルティネス＝パティーニョ選手は性別判定検査の結果、大会に出場できませんでした。Y染色体を持つことがわかると、そのために母国スペインでは女子選手としてのマリアさんの競技記録は消され、陸上選手として活動できなくなっただけでなく、そのことが報道されて、マリアさんは友人や婚約者《こんやくしゃ》さえも失いました。

性染色体によって性別を判定することが倫理的《りんりてき》に問題があり、また、有効性《ゆうこうせい》にも疑《ぎ》問《もん》があると考える医師たちの支援《しえん》もあって、1988年、国際《こくさい》競《きょう》技《ぎ》連盟《れんめい》はマリアさんに女子選手としての資格を認めましたが、3年のブランクがあったマリアさんは1992年のバルセロナ・オリンピックへの出場はかないませんでした。

ところで、オリンピックでは、男子選手が勝つために女子選手になりすましていないかを検査するという理由で、過去には複数の医師による屈辱的《くつじょくてき》な身体検査が行われ、1968年からはDNA検査が行われるようになりました。1970年代から、その有効性に疑問を投げかける専門家も多くありましたが実施《じっし》されつづけ、そのために選手の人生が左右されるようなこともしばしば起きてきました。

最近では、2012年のロンドン・オリンピックの女子陸上800mの銀メダリスト、キャスター・セメンヤ選手（南アフリカ）が、2009年の世界陸上ベルリン大会で優勝したのち、国際オリンピック委員会（IOC）から性別への疑問が出されました。

　そのため、当時18歳だったセメンヤ選手について、女性なのか男性なのかという詮索の目が世界中から集まりました。このことでIOCに対して批判が高まり、2010年、IOCはセメンヤ選手に女子選手としての資格を認めましたが、セメンヤ選手は大変な苦痛を味わわなければなりませんでした。

　人の性別は性染色体によって客観的に決定できるものではありません。どんな性のあり方として生まれ、どんな性として生きてきたのかは、その人のとても個人的なこと、プライバシーの問題です。また、自分がどんな性であるかという自覚はアイデンティティの問題でもあります。ですから、第三者が性別を「判定」して、その人が男なのか女なのか決定を下すなど、してはならないことなのです。


　2012年、IOCは選手が男性か女性かという性別の判定をしないと発表、ロンドン・オリンピックでは、染色体による男女の判定は行われませんでした。その代わりに、筋力《きんりょく》や持久力など運動能力《うんどうのうりょく》を高めるとされる男性ホルモンの一種の血中濃《けっちゅうのう》度《ど》を測り、一般的な男性のレベルの濃度の場合は女子選手としての出場を認めないことにしました。

　選手を男女どちらかに判定しない、というこの方法は、性のあり方の実態《じったい》を反映したものと言えるでしょう（一部の女子選手だけに課《か》されるこの検査の問題点についてはここでは触れません）。

　染色体で男か女かに区別することはできないということ、それとともに、性のあり方が男女の2つだけではないことが、ようやく社会的にも知られるようになってきたのです。

第3部

社会的な性ってどんなもの？

1 人間の性ってどんなもの？

――生物のオス・メスとちがって、人間の性って複雑なんだ。

ここまで、いのち、そして性について主に生物的な側面を見てきましたが、もちろん、人間の性はオス・メスの問題だけではありません。人間に特有の性の問題、それはひとつには社会的な側面です。社会の中の性、社会的な性と言っていいかもしれません。社会的な性とはどんなことか、手始めに男女の見分け方から考えてみましょう。

お店や電車の中、あるいは道で人を見かけたとき、たいていの場合、あなたは瞬間的《しゅんかんてき》にその人の性別を見分けていませんか？「おじさんが歩いてる」とか「女の子同士仲よく買い物してる」とか。その瞬間、何を見て――しかもたいていは無意識《むいしき》のうちに――性別を判断しているのでしょうか？

顔とか声？　そうですね。

体格？　それもありますね。

髪型《かみがた》？　さらさらのロングヘアは女子の確率が高いでしょうね。

服装《ふくそう》や持ち物？　たしかに、おじさんが着そうな服、おばさんが着そうな服ってありますね。若い人にも、男性ファッション、女性ファッションがあります。学校の制服なら男子と女子は一目瞭然《いちもくりょうぜん》。子どもの場合も男の子用、女の子用の服があるようです。

他にも、お化粧《けしょう》しているかどうかや、歩き方や仕草《しぐさ》など、男女を見分けるポイントはいくつもあると思いますが、顔や声、体格など身体的な特徴とともに、外見を大きく左右する服装や持ち物などいわば文化的な要素《ようそ》も大きいようです。これらのポイントどれもが男なら男、女なら女と統一されているとき、一目で男性、あるいは女性、とわかるのではないでしょうか。こうして、私たちは無意識のうちにまわりの人を男女のどちらかに割り振っているのです。

見方をかえると、男性の場合は、身体的に男性の特徴を備《そな》えていることに加えて、髪型や服装など男性の目印を身につけ、女性の場合は、身体的に女性の特徴を備えていることに加えて、髪型や服装、お化粧など女性の目印を身につけていることになります。性はもとは生殖《せいしょく》においての役割分担《やくわりぶんたん》でしたが、人間社会では、子どもからお年寄りまで、つねに当たり前のように男女どちらかであることが誰《だれ》にでもすぐにわかる状態で生活をしているようです。

でも、ときどき、男の人か女の人かわからないこともありますよね？　それはどんなときでしょう？　服装は女性っぽいのに、顔が男性に見えるとき？　ユニセックスの服装で顔や髪型もどちらとも見えるとき？　女性的な顔だち、体格なのに、髪型も服装も持ち物もみんな男性っぽいとき？　男女を見分けるポイントがどちらかに統一されていないとき、あるいは、どのポイントからも男女を見分けられない、そんなとき、「おや？」と思ったり「男か女か、どっちなんだろう？」と気になったりしませんか？　それほど、身体的、文化的な要素で構成される「男」というイメージ、「女」というイメージが私たちの中に共通の認識として明確にあるとも言えます。

――男か女かはっきりしないと困るからじゃないの？　女子トイレにどっちかわからない人が入ってきたら痴漢《ちかん》と思われるとか。

そうですね。それはまさに人間特有の性の問題ですね。でも、トイレに行くのに困るという理由だけで髪型や身につけるものを選んでいるのではありませんよね。それに、男についてのイメージ、女についてのイメージは服装など見た目だけのことにとどまりません。

私は小学4～5年生のクラスの子どもたち40人くらいに、自分の性をどう思うかというアンケートを何回かとったことがあります。男の子にも女の子にも何人かずつ「どちらでもよい」という子がいますが、男の子の場合、それ以外の子は全員が「男に生まれてよかった」という回答でした。女の子たちも「女に生まれてよかった」という子がほとんどですが、ちらほらと「男に生まれたかった」という子もいました。

そこで、その理由もたずねてみました。自分の性に満足できる子の中には「理由をきかれても困る。なんとなく……」という子から、「せっかく産んでもらったのだから、生まれたままの今の自分でいい」という子もいましたが、明確な理由を持って自分の性がよい、と主張する子もいました。たとえば、「男に生まれてよかった」という子たちの理由を見ると、「男のほうが力が強いから」とか「野球の選手になれるから」など。「女に生まれてよかった」理由は、「スカートもズボンもはけるから」「おしゃれできるから」「お母さんになりたいから」など。「男に生まれたかった」女の子は「だって男の子のほうが自由だから」などと書いてくれました。

そこで、「それって本当に男だから？　女だから？」とさらにつっこんで話しあってみたことがあります。だんだん議論《ぎろん》が白熱《はくねつ》してきました。「女の人でも鍛《きた》えれば男の人より強くなれる」「○○ちゃんは、野球やってるけど男より上手ですごくうまいキャッチャーだよ」とか「男だってスカートはけるじゃない」「スコットランドの民族衣装《みんぞくいしょう》とかで男の人がスカートはいてるの見たことあるよ」とか、みんな実によく考えてくれました。こうしてひとつひとつ検証をしてみたら、男にしかできないこと、女にしかできないこと、というのはどんどん少なくなってきました。最近は筋力《きんりょく》を鍛える女性も多いし、おしゃれを上手にしてお化粧をする男性だって見かけるようになりましたよね。自分の常識のメガネをはずして世界のさまざまな文化に目を向けたり、時代を変えて人々の生き方を見ることで、「男性にしかできない」とか「女性の特権《とっけん》」とか思い込んでいたものは、「今、この時代のこの社会の中では……」というように限定的《げんていてき》にしか言えないことが多いと気付いていったのです。

そして、こうして考えをつきつめていくと、本質的なちがいは結局ひとつしかありませんでした。

――赤ちゃんを産むことでしょ?

そうです。子どもを産むことは女性にしかできません。そしてそのためには絶対に男性

性についての社会的思い込みは文化や時代によって変わる

が必要でしたね。生殖について役割分担したのが男女でしたから、この点だけは男性と女性でできることがちがいます。そしてひとりではできません。必ず男女２人が必要です。けれども、それ以外のことは社会の中で、いつの間にか「そういうもの」ということになっているだけです。多くの人が当たり前のように思い込んでいるので、小学生でさえ、無意識のうちに同じようなイメージを持っているのです。

そういう思い込みは文化的な背景や社会のあり方によって異なります。また、時代が変われればいくらでも変わるものです。いくつかの例をお話ししましょう。

２０１１年、女子サッカーワールドカップで日本チームが優勝《ゆうしょう》して大きな話題になりましたね。ところが、キャプテンだった澤穂希《さわほまれ》選手が子どものころは、女子サッカーはあまりさかんではなく、彼女は少年サッカークラブでプレーしていたそうです。小学６年生のとき、同じチームの男の子は世界少年サッカー大会に出場できたのに、当時は女子の参加が認められなかったために彼女は出場できず、とても悔《くや》しい思いをしたそうです。今では考えられないようなことですが、たった20年ほど前のことです。

職業《しょくぎょう》も20～30年前からすれば、ずいぶん男女の区別がなくなってきました。たとえば、「スチュワーデス」という言葉を聞いたことがありますか？　１９８０年代くらいまでは、旅客機《りょかくき》の客室乗務員《きゃくしつじょうむいん》（カタカナではキャビン・アテンダントと呼ばれています）はほぼ

１００％が女性で、英語の女性形である「スチュワーデス」という呼び方が使われていました。「客室乗務員は女性の職業」と多くの人がなんとなく思っていたのです。

また、看護師《かんごし》も女性のイメージが強かった職業です。「看護婦《かんごふ》さん」と呼ばれ、女性らしい、あるいは女性が就《つ》きやすい職業と考えられていましたが、２０００年代初めくらいから、男女の区別なく「看護師」という呼び方を使うようになりました。同じことは、保育士《ほいくし》（保育園の先生）にもあてはまります。以前は「保母《ほぼ》さん」と呼ばれて女性がなるものだと、多くの人が思っていました。

もちろん、これらの仕事が男性だからできない、あるいは男性だから向いていないということはありません（できるかどうか、向き不向きは個人の資質《ししつ》によります）。むしろ男性という個性が活かされることも多く、今では男性の客室乗務員、看護師、保育士はめずらしくなくなりました。

また、同じように、「男性の仕事」と思われていた仕事に女性が就くことも多くなってきました。電車の車掌《しゃしょう》や運転士はなんとなく「男性がなるもの」と思われてきましたが、少しずつ女性も増えてきました。初めて女性が新幹線の運転士になったのは２０００年のことで、まだまだ男性がほとんどですが、今後は増えていくのではないでしょうか。

大型トラックのドライバーや大工さん、大型バイクを自在に操《あやつ》らなければならない白バイ隊員など、体格や筋力的に「男性向き」とみなされてきた仕事に就く女性も増えてきました。

ここに挙《あ》げたのはほんの一部です。社会的になんとなく思い込まれている「男性向き」「女性向き」という線引きはいろいろなところでなくなりつつあります。人々の男女に関する考え方が変わって、社会的な男女の区別も変化してきたのです。

――「男」のイメージ、「女」のイメージが変わってきたということ?

そうです。人々の意識の変化や制度の変更などもありましたが、「男じゃないからできない」とか、「女性じゃないからこの仕事には就けない」などと思わず、「やりたい!」と思ったことにチャレンジしてきた人々があったからこそ、男女についてのイメージも変わってきました。そして今も変化しつづけています。どんなふうに変わっていくかは、あなたたち若い世代の人たち次第です。

つぎに、「男と女」のイメージからなかなか解《と》き放《はな》たれない部分についてのお話をしましょう。

あなたの家では、ご飯《はん》をつくるのは誰が多いですか? 掃除《そうじ》は? 洗濯《せんたく》は? ご飯の材料や日用品《にちようひん》の買い物は？　学校の保護者会《ほごしゃかい》に行くのは？

　このどれもが「お母さん」という答えの人が多いのではないでしょうか。学校で「家の仕事」についての授業をするときに子どもたちに聞くと、「お母さんがご飯をつくってます」「お母さんがお掃除してます」と言う子どもが多数派です。そういう子どもたちは、「うちはお父さんがやってる」と言う子がいると「ええっ」と驚《おどろ》きます。保護者会の参加者も圧《あっ》倒的《とうてき》にお母さんが多いのが現実です。

　わが家では娘が小学生のころ、私は学校で仕事をしていて夫は施設で働いていました。夫の勤務《きんむ》時間《じかん》は日によって午後からだったり、夜から出て朝帰ってきたりと、不規則《ふきそく》で、休みが平日だったので、娘の保護者会にはよく夫に出てもらいました。すると、男はたったひとり。目立ってしまって恥ずかしい、とよく言っていました。また、私が初めて保護者会に出たら、同じクラスのお母さんから「あら、お母さんもいたんですね」と言われてしまったことを覚えています。

　では、あなたの家の収入は主に誰が得ていますか？　この答えは「お父さん」という人が多いのではないでしょうか。

　これは、家庭の形として男性（お父さん）が外で仕事をして収入を得、女性（お母さん）は家の中の仕事（家事・子育て）をする、という社会的な男女の役割分担についての旧《ふる》い思い込みが反映されたものです。今ではお母さんも仕事を持って家庭の外で働いている場合も多いですが、それでも、「家庭内の仕事は女性がするもの」という意識は根強《ねづよ》いようです。

あなたのお父さんは、ちょっと改《あらた》まった口調《くちょう》で誰かと話しているとき、お母さんのことをなんと言いますか？「うちの家内《かない》」と言っていませんか？あるいは、お母さんが、お父さんの知り合いに挨拶《あいさつ》するとき、「○○（苗字）の家内です」と言うことがあるかもしれません。「家内」とは文字通り妻は家の中にいるもの、という意味です。

では、お母さんが、お父さんのことを人に話すときは、なんと言っていますか？「うちの主人《しゅじん》」とか「うちのだんな」とか言っていませんか？「主人」は文字通り主《あるじ》のことですね。「だんな」は日那と書いて、これも主人を意味します。「亭主《ていしゅ》」という言葉もありますが、これもやはり主人の意味です。

——どうしてお父さんが主人なの？

お父さんが家の主で、お母さんは家の中にいる人、という社会的な思い込みは、明治時代につくられた日本の家制度《いえせいど》につながっていると考えられます。

家父長制では夫婦は主従の関係だった

「家父長制《かふちょうせい》」と呼ばれるこの制度は、長男が家長《かちょう》として財産のすべてを相続《そうぞく》し、他の家族は絶対的に家長に従《したが》うというものです。この考え方は、武士の時代からつづいてきたもので、時代劇などを見ていても、家督《かとく》を継《つ》ぐのは長男で、長男が家を継ぐと弟たちは兄の家来《けらい》になります。源氏《げんじ》の大将となった兄頼朝《よりとも》に家来として仕えた義経《よしつね》の話は有名ですね。

明治政府は欧米《おうべい》にならって近代的《きんだいてき》な国をめざしましたが、武士社会に行き渡っていた前近代的（封建的《ほうけんてき》）な制度を家族制度として全国民にあてはめました。この制度では、男の子は生まれた順番で地位が決まります。次男や三男は分家して本家より低く見られる家で家長となりました。女の子はお嫁《よめ》に行くまでは父（家長）に従い、お嫁に行った先では夫（家長）に従い、夫が死んだあとは子（長男＝家長）に従うものとされました。男でなければ家は継げませんから、女性には嫁《とつ》ぎ先で男の子を産むことが求められていました。

家長（夫）が絶対的な力を持ち、妻は家にいて子を産み育て、夫に従うものという位置づけです。夫婦はいわば主従《しゅじゅう》の関係にあり、夫は文字通りその家の主、主人、だったのです。

——今では主従関係なんて思っていないけど、呼び方だけが残ってるんだね？

家父長制の家制度は、第二次世界大戦敗戦後、男女平等を謳《うた》う憲法《けんぽう》のもと廃止《はいし》されました。そして、その後の経済成長にともなって旧い家のあり方は崩《くず》れました。家制度としての家父長制は過去のものです。けれども、呼び方は使い続けられています。そして言葉と、それを使う人や社会の意識は無関係ではありません。

『ゲド戦記』を知っていますか？ アーシュラ・K・ル＝グウィンというアメリカの作家が書いたファンタジーですが、社会や生活、人間についてとても深い内容を持つ優《すぐ》れた小説です。先日、この小説を翻訳《ほんやく》された清水真砂子さんのお話をうかがう機会がありました。

清水さんは以前から、『ゲド戦記』の4巻に登場するテノーという女性を説明する日本語が難しいと話されています。テナーは2巻ではヒロインでもあった女性です。4巻ではゲドは地位も名誉《めいよ》も魔法使《まほうつか》いとしての力もすべてを失って登場します。一方、テナーは「普通のおばさん」として出てきます。夫はもう死んでしまっていて、子どもたちはそれぞれ立派に育って、今はひとりで農園をきりもりしている、大地に足をつけて生きている生活力を感じさせる女性です。

テナーの夫はすでに死んでしまっているわけですから、テナーは英語で言うところの「widow」。ところが、この言葉に当たる日本語がなくて困った、と清水さんは言うのです。

「夫に先立たれた」などという日本語にすると、〝頼《たよ》るべき夫を失ってなんとなくしょぼんとしなきゃならない〟イメージになってしまう。「未亡人」（もとは、夫が死んだのに未だ死んでいない妻という意味）なんてまして使えない。さあ、どうすればいいか――。とても面白い視点《してん》です。

また、私くらいの年代（50歳前後）の女性は、夫が家事《かじ》をすることを他人に話すとき、つい「○○をしてくれる」と言ってしまいます。「してくれる」と言うときは、自分のやるべきことを手伝ってもらっている、とか、親切や好意として何かをしてもらってありがたい、というような意味を無意識のうちにふくんでいます。

でも清水さんのご夫君《ふくん》（さあ、困ってしまいました。他の人の「夫」のことをなんと表現しましょう？　日本語として普通なのは「ご主人」というところですが、こんな言葉を使ったら、それこそ清水さんご夫妻《ふさい》に叱られそうですし、かと言って「夫」と言うのは、日本語では失礼になってしまいます）は、電話で友人に「（夫は）食事の後片付けをしてくれてるの」と言った清水さんに対して、「自分はしたのであって、してあげたのではない」というようなことをおっしゃったそうです。すてきなご夫婦だなと思います。

そんな清水さんですから、翻訳にはずいぶん気を使われているのでしょう。たしかに、語尾や言葉づかいだけでも、人間関係は微妙《びみょう》に変わってきてしまいますから。ル＝グウィンさんのようにさまざまなことを考えぬいて書いている方の作品を翻訳するのにはずいぶんなご苦労があったとうなずけます。

――すごく細かいことだけど……。

一見些細《ささい》なことに思えますが、日本語としてはそのほうが自然だったり、普通だったりするなにげない言葉づかいに、背景にある社会的な決まりごとや思い込みなどが反映されています。言葉に関連して、もうひとつお話ししましょう。

作家が初めて書いた小説や、映画監督《えいがかんとく》の最初の作品などのことを「処女作《しょじょさく》」と言います。新しく造られた船の最初の航海《こうかい》のことを「処女航海」、誰も登頂《とうちょう》したことがない山のことを「処女峰《しょじょほう》」と言うこともあります。「処女」というのは性交を経験していない女性のことです。性とはぜんぜん関係ないのに、「最初の」「初めて」を意味する言葉として「処女」が使われています。一方、性交を経験していない男性のことを「童貞《どうてい》」と言いますが、このような使い方はしません。

どうしてこういう言葉の使い方が生まれ、使いつづけられているのでしょう。推測《すいそく》できるのは、私たちの社会が、性的経験のない女性に価値を置いている、あるいはそういう考え方を残しているということ。機会があれば、60歳代くらいの女性――あなたのおばあさんくらいでしょうか――に聞いてみてください。その世代くらいまでは、結婚するまでは性的な経験をしないこと、処女でいることがとても大事なことだったのです。

――今でもヴァージンって特別だと思う。

初めての性体験はそれぞれの人にとってたった1回のことですから、大切に思うのは自然なことだと思います。それは男性にとっても同じはずですが、男性が結婚するまで童貞かどうかということは問題にされませんでした。なぜ、結婚前の女性について処女かどうかに関心が寄せられたのか。これについても、家父長制と関係があります。

家長の子である男子（長男）が代々家長を継いでいくという家制度では、生まれた子が家長の子であることが重要です。そのために、家長の子を産む女性は処女で嫁いでこなければなりませんし、嫁いでからも他の男性と性交する可能性《かのうせい》を減らすために自由に外には出られませんでした。武士の世界では何百年もつづいてきた制度ですが、一般の人々に広められたのは明治のことで、それ以降、一般の人にも結婚前の女性について処女でいることを大事にする考え方が広まりました。万一、結婚前に性体験を持ってしまったら、「傷《きず》

処女が大事なのは
家の跡継ぎを産むから

もの」と言われて縁談《えんだん》（周りの人がすすめる結婚の話）に支障《ししょう》がでたりもしたのです。

私たちの社会は戦後大きく変わり、性に関する思い込み＝社会的な性のあり方も大きく変化してきました。その一方で、旧い社会的な性のあり方もあちらこちらで生きのびているのです。

あまり意識したことがないかもしれませんが、学校での男女別名簿《だんじょべつめいぼ》も男性と女性を分けておく社会の名残《なごり》と言っていいでしょう。しかも、男女別に分けるときは必ず男子が先、女子が後。なぜいつも男子が前にくるのだろうと疑問《ぎもん》を感じることはありませんか？　そもそも分けなければ後も先もありません。私がいる小学校では男女を分けない名簿ですが、なにも困りません。強《し》いて言えば、身体検査《しんたいけんさ》のときに男女別に割り振る手間がかかるくらいです。中学や高校でも通常の授業で名簿を別にしておく意味はないでしょう。トイレや更衣室《こういしつ》が分かれていればなんの問題もないはずです。

また、こんな経験はありませんか。「お父さんやお母さんにもよろしく」とか、「兄弟《きょうだい》あるいは姉妹《しまい》はいますか？」という言い方に違和感《いわかん》はなくても、まったく同じ意味のことを「お母さんやお父さんによろしく」とか「姉妹や兄弟はいますか？」と言うとなんだかおさまりが悪い。なぜでしょう。私たちはつねに「男が先」ということに無意識に慣《な》らされてしまったのです。でも、なぜ男が先なのでしょう？

男と女を必要以上に分けて、「男にしかできない」「女にしかできない」「男にはできない」「女にはできない」、「男ならこうすべき」「女ならこうすべき」ということのほとんどが実は社会的な思い込みでしかありません。男女という分け方そのものが生物学的にもそんなに単純なものでないことは第2部でお話ししました。ましてや、社会の中でなにを選び、どう生きていくのかということは、男女というよりもひとりひとりの人間が考えるべきことです。

性別によって縛《しば》られる必要などまったくないことなのです。そんなことにこだわるよりも、この宇宙の中で唯一《ゆいいつ》の存在である自分にとって、なにがいちばん大切なことなのか、たった1度きりの「死」までの時間をどう生きていくことが自分らしく満足のいくことなのか、そのことにこそ素直にまっすぐに向きあってほしいと思います。

② 性別に縛られないってどういうこと？

——男女に関する社会的な思い込みに縛られないというのは、男女の区別をなくしていけばいいということ？

単に男女の区別をなくすということではありません。社会に存在する「男」「女」のイメージから解き放たれていい、ということです。それは職業の選択《せんたく》などにかぎりません。内面的な問題、あるいは性についてのとらえ方の問題でもあります。実は社会的な男女のイメージ、「男らしさ」「女らしさ」は、私たちが幼《おさな》いころからずっといろんな場面で、インプットされつづけて無意識のうちに身につけているのです。

あなたが男性なら、小さいころ、なにかの理由でべそをかいたとき、お母さんから「男の子なんだから泣くんじゃないの」とか「男の子は強くならなきゃ」などと言われたことはありませんか？　あるいは、出張《しゅっちょう》などに出かける前のお父さんから、「お父さんがいない間はきみがお母さんを守るんだよ」というようなことを（たとえ冗談《じょうだん》めかしてでも）言われたことは？　あるいはあなたが女性なら、「ちょっとは女の子らしくしなさい」とか「女の子なんだからかわいい服を着なきゃ」などと言われた覚《おぼ》えはありませんか？

あるいは、小学校に入る前、ランドセルを選ぶときどんな色を選びましたか？　色のバリエーションはたくさんありますが、男の子なら黒や青系などを、女の子なら赤やピンク、あるいは淡《あわ》い色彩《しきさい》のパステルカラーを選んだのではないでしょうか？

私のクラスでも、好きな色の画用紙《がようし》を選んで使うとき、男の子がピンクを選んだら、「男のくせにピンクを選んだ」と言う子がいました。あるいは、「これは女の色だから」と男の子がピンクを嫌《いや》がったこともありました。でも、どうして？　ピンクが女の色だなんて誰が決めたというのでしょう？

——それぞれ好きで選んだ結果が、男の子の好きな色、女の子の好きな色に分かれているんじゃないの？

みんながそう思えているなら、いいでしょう。でも、「それは女の子の色じゃない」と

男性が女性を幸せにしなければ、なんて思う必要はない

か「それは男の子らしくない」とか言われることを気にして、あるいは言われなくても、自分の性らしくない色を選ぶのはよくないと思って、好きな色より、おかしくない色を選ぶ子がいたとしたら？　「こうでなければ」ということに合わせなければならないなら、ちょっと窮屈《きゅうくつ》ではないですか？

ところで、映画やドラマなどのプロポーズのシーンで、男性がこんな言葉を言うのをよく耳にしませんか？

「きっときみを幸《しあわ》せにする」とか、「これからは、ぼくがきみを守ってあげる」とか。

あるいは、彼女の家に結婚を許《ゆる》してもらいに行ったとき、結婚を認めたくない彼女のお父さんが、「おまえに、この娘《こ》を幸せにできるのか⁉」と怒鳴《どな》ったり、もっと理解のある優《やさ》しいお父さんが「どうぞこの娘を幸せにしてやってくれ」と頼《たの》んだり。

実際にこういう会話があるのかどうかはともかく、ひとつのあこがれの形として男性が女性を幸せにしてあげる、女性は男性に幸せにしてもらう、ということがあるようです。

でも、女性は男性に幸せにしてもらわなければならないのでしょうか？　あるいは男性は女性を幸せにしてあげなければならないのでしょうか？　もし、そんなふうに思い込んでいるとしたら、男性にとってかなり荷《に》が重いことではないでしょうか？　2人が一緒にいることでお互いに幸せになるのではないでしょうか？

思い出してください。「男性」と「女性」は、力を合わせて次の世代のいのちを生み出していくために、いのちが選んだ分業システムとして存在しているだけです。いのちはもともとどちらが優れているかという価値の上下をめざしているのではないのです。お互いに力を合わせてより良い明日をめざそうとしているだけと言ってもいいでしょう。どちらか一方がどちらか一方を守るのでも幸せにするのでもなく、一緒になることが両方にとって心地《ここち》よいことであればいいのです。

英語では人生の伴侶《はんりょ》を better half と言います。「より良い半分」——そう、人はひとりだとなんとなくものたりなくて、誰かと一緒になりたいものなのかもしれません。そこに男女の区別などありません。その2人がお互いに「ああ、この人こそ私のもう半分だ、ずっと一緒にいたい」と思えればそれで十分なのです。

男性は安定した職《しょく》につき、高収入を得なければならない、女性は家事が上手で男性好みに美しくなければならないなどと思っていると、自信をなくしてしまいそうだし、本当に自分にとっていちばんふさわしい「半分」を見つけそこなってしまうかもしれません。社会の色メガネで人間を判断するのではなく、自分たちらしい個性的なカップルとして生きていくことを若い人たちにはめざしてほしいと思います。

ところで、これまでにお話しした性に関する社会的な思い込みには、男性と女性しか登場していません。私たちの社会では、性的な関係は男女間のものというのが前提《ぜんてい》になっていて、いわば生殖に関連した性の捉え方をしているのです。そのことに、あなたはとくに違和感はないかもしれません。あるいは、なんとなく居心地《いごこち》の悪さを感じているかもしれません。あるいは、もう少し深刻《しんこく》に自分は普通じゃないと悩んでいるかもしれません。

性的なあり方は、男女の間だけという単純なものではないのです。

――ゲイとかのこと?

そうですね。初めに言っておけば、性に関して普通とか普通じゃないとかで悩む必要はまったくありません。少数派《しょうすうは》とはいえ、多様な性的なあり方があるのです。簡単ですが、お話ししておきましょう。

男性が女性に、女性が男性に性的に惹《ひ》かれるのは「異性愛《いせいあい》」と言います。今の社会的思い込みが想定している性のあり方です。異性愛は自分とはちがう性に惹かれますが、自分と同じ性に惹かれるのが「同性愛《どうせいあい》」です。男性に性的に惹かれる男性をゲイ、女性に性的に惹かれる女性をレズビアンと言います。好きになる相手によって、異性愛だったり同性愛だったりする人のことは「バイセクシャル」と言います。

「性同一性障害《せいどういつせいしょうがい》」という言葉を聞いたことがあるかもしれませんね。身体的な性別と心の性別が食いちがっている状態です。身体的には男性として生まれたけれど、気持ちとしては女性で、男性でいることが苦痛、というような場合です。病気として治療《ちりょう》の対象《たいしょう》とされています。２００４年に特例法《とくれいほう》が成立し、診断《しんだん》をうけて所定の手術を済《す》ませれば、戸籍《こせき》の性別を変えて、自分の望む性として生活することができるようになりました。

ここまでは、性は男女の２つという前提です。この他に、人間の性別が男女の２つに限定されない場合もあります。

「インターセックス」の人たちは、男女どちらかとして育ちますが、身体的には男女いずれでもありませんから、「異性愛」や「同性愛」などの枠組では考えられません。性のあり方は人それぞれです。

「トランスセクシュアル」や「トランスジェンダー」と言う人たちもあります。どちらも、身体的な性別に違和感を持ち、服装やホルモン剤、手術で外見や身体を変えた人たちです。自分の状態を病気（性同一性障害）とは考えない人たちや、社会的な「男らしさ」「女らしさ」を自覚的に超えようとする人たちです。

性のありかたには
社会の枠ぐみに入りきらないものもある

――複雑で頭が痛くなってきた。

これらのことを今すぐ、理解する必要はありません。また、それぞれの説明も、当事者《とうじしゃ》からすれば、おかしなところがあるかもしれません。開き直るみたいですが、それほど性のあり方は人によってちがっていますし、言葉の使い方も統一されていません。分類しようとしてもあくまで便宜的《べんぎてき》なものになるのです。

それでもあえてお話ししたのは、生殖としての性をもとに、歴史的に男女についての思い込みが形づくられてきた私たちの社会の中に、その枠に入りきらない人もいれば、その枠を超えようとする人もいるということを知ってもらいたかったからです。

性的にどんな存在であるかは、その人が持つひとつの特徴、個性なのです。男か女か、そうでなければ何なのかと、どれかに当てはめることよりも、人はみんな「その人」なのだ、という立場に立てばいいのです。性的にどういうあり方がいいかはその人次第です。

性にはいろいろなあり方があって、社会的に認められているもの、認められつつあるもの、まだまだ認められていないものなどがありますが、それで人を差別したりするのは、障がいのある人を差別したり、人種で人を差別するのと同じことです。性的な個性にかかわらず、その人自身、その人の人間性こそ見るべきなのです。

だから、あなたが男性で、なんらかの原因でペニスが勃起《ぼっき》しなくなったとしても、もうだめだと思わないでください。あなたという人間の性的な個性のひとつが障がいで失われても、それがなければ生きている意味はない、と思うほどのことではないのです。ペニスの勃起ということ以外にも人間には大切なことが山のようにあるし、そちらのほうが共に生きる人間としてはずっと大切なことだからです。あなたが女性なら、病気で子宮《しきゅう》や卵巣《らんそう》を摘出《てきしゅつ》することや、乳がんで乳房切除《にゅうぼうせつじょ》してしまうこともあるかもしれません。でも、だからといって、「もう女じゃない」と思わないでください。人間の価値はそんなことで決まるものではないのです。

障がいや人種と同じように、性的なあり方は人間の価値を左右するものではありません。そんなことよりもっと大事なことが人間にはいっぱいあります。人間としてどう生きるかということこそ大事なことなのです。

ところで、生物的な性以外に、多彩《たさい》な性のあり方があるのが人間の性ですが、社会的な性について、もうひとつお話ししておかなければならないことがあります。人間社会には、お金が関わる性が存在することです。それは次の章でお話ししたいと思います。

同性愛と社会

同性を性的な対象として求める傾向《けいこう》が強い人たちは、古くからどの時代、どの地域にも存在していたと考えられています。

けれども、キリスト教社会などではながらく罪《つみ》とされてきた歴史もあります。イギリスの劇作家《げきさっか》オスカー・ワイルド（『ドリアン・グレイの肖像《しょうぞう》』『幸福な王子』など）は、1895年に同性との性行為《せいこうい》のために2年間の労働刑《ろうどうけい》に処《しょ》せられました。また、ナチスドイツは、ユダヤ人、政治犯、ロマ族（ジプシー）、身体障害者などとともに同性愛者も強制収容所《きょうせいしゅうようじょ》に送りました。

19世紀末ごろからはヨーロッパやアメリカでは同性愛を病気としてみなし、ホルモン療法《りょうほう》や電気ショック療法、脳《のう》の一部を切断するロボトミー療法などが行われてきました。WHO（世界保健機関《せかいほけんきかん》）の疾病分類《しっぺいぶんるい》リストから同性愛を外す決定がなされたのは1990年のことでした。

2000年ごろから、オランダ、ドイツ、フランスなどヨーロッパの国々やカナダ、アメリカ合衆国の11の州、アルゼンチンなどで、同性の婚姻《こんいん》を認める法律や同性のカップルに夫婦と同等の権利を認める法律ができました。人生の伴侶が異性か同性かというちがいで、社会的に差別があってはならない、という考えによるものです。

日本では憲法《けんぽう》に「婚姻は、両性の合意のみにもとづいて成立する」とあり、同性の結婚は認められていません。異性同士の夫婦に認められた税金や年金、相続《そうぞく》などの保《ほ》障《しょう》の一切が同性カップルには認められていないのが現状です。

また、世界的な傾向として同性愛の中でも男性同士の同性愛（ゲイ）は社会的に認知されてきていますが、女性同士（レズビアン）についてはあまり表にでてきません。これはどうしてだと思いますか？

3 お金儲けとつながる性ってどんなもの？

——お金が関わる性って、売春《ばいしゅん》のこと？

　そうです。売春とはお金とひきかえに性行為をすることで、まさにお金が関わる性ですね。売春を含め、お金を払った人に性行為や性的なことをしてあげる性産業《せいさんぎょう》と呼ばれる業界がありますが、ここでは中学生に関係があるかもしれないこととして、いわゆる援助交《えんじょこう》際《さい》や、メールなどで知りあった人と性的な関係を持つことを考えてみましょう。

　援助交際では、大人の男の人が女子学生（小・中学生や高校生）にお金を渡すという形で金銭のやりとりがあります。仮に最初は一緒に食事するだけでも、男の側にはいずれ性的関係を持ちたいという欲望がある場合がほとんどです。女の子の側にはお金が欲しいなどの動機《どうき》があって、お互いの利害は一致しているように見えます。けれども実は、女の子にとっては大きすぎる危険があるのです。

セックスは2人でつくりあげるものです。お金を媒介《ばいかい》にした性は、心も体も傷つく可能性があることを知っておいてほしいのです。好奇心から……とか、自分の体なんだからいいじゃない、と足を踏み入れると、大きな傷を受けるおそれがあって、とりかえしのつかないことも起こりかねません。

気持ちがすごく傷つくこともあるでしょう。性感染症《せいかんせんしょう》にかかることも十分考えられます。また、2人きりでホテルの部屋などの密室《みっしつ》に入ることは、場合によっては暴力《ぼうりょく》を受けたり、最悪の場合、いのちを落としかねないことでもあるのです。あるいは、そこでの行為が脅《きょう》迫《はく》に使われるということもあるかもしれません。1回だけと思って足を踏《ふ》みいれたのに、映像《えいぞう》をとられてばらまくぞと脅《おど》されたり、ネット上で公開されてしまったり……苦しんでいる人が実際にいるのです。

もし、援助交際で怖《こわ》いこともなくいい思いをした、という女の子がいたとしても、それはたまたま。いつも危険ととなりあわせだということを忘れてほしくありません。そもそも、大人たちが若い女の子を利用しようとしているのです。いろいろな落とし穴が待っています。安易に近づくことだけは絶対にやめてください。

メールなどで知りあった人に性的な関係を求められた場合などにも、同じような危険が潜《ひそ》んでいることを覚えておいてください。

――でも、そういうお金が関わる性なんて、ふつうあんまり関係ないと思う。

実際にお金を媒介したセックスに自分が関わる人は少数だと思います。けれどもお金儲けのための性という意味では、あなたの身のまわりにもあふれています。ポルノ雑誌や小説、ＡＶ（アダルトビデオ）、ＡＶサイトなどです。

思春期《ししゅんき》になるとたいていの人はセックスについて興味《きょうみ》が沸《わ》いてきます。エッチな写真を見てみたいとか、ＡＶを見てみたい、セックス描写が詳しい小説や情報を読みたいと思うのは自然なことです。実際に手にすることもあるでしょう。そうしたものを見たからといってあなたが変態《へんたい》だということにはなりません。けれども、これらの情報に触《ふ》れるときには、注意が必要なことだけは、知っておいてほしいのです。なぜなら、これらのものから得られる知識は簡単に誰もが見られるために、多くの人々にとって「常識《じょうしき》」や「正しい知識」のように思い込まされてしまいがちですが、そうとは限らないからです。

「えっ、おまえ、そんなことも知らないの？」と得意顔《とくいがお》で話している誰かさんの情報も、案外《あんがい》、こんなところから仕入れただけであることも多いのです。

性描写が売りになっているものの目的は、たくさん売ってお金を儲けることです。ですから当然、売るためにより刺激的《しげきてき》に性を描いていたり、想定《そうてい》しているユーザー（読者や視《し》聴者《ちょうしゃ》）にあわせた都合のいい描き方になっています。アダルトものの大多数が男性向けにつくられています。ポルノ雑誌やマンガ、スポーツ新聞のエッチ記事、AVは男性の楽しみのために売るものですから、そこで描かれるセックスは、多くが男性の欲望を煽る一方的なものです。

AVのセックスと現実のセックスはちがう

──どういうこと？

たとえばAV（AVサイトなどもふくみます）は、実写《じっしゃ》の映像だけにリアルな感じがするかもしれませんが、男性を性的に興奮《こうふん》させるためのものですから、人間同士の愛情や親密さはありません。多くの場合、ただひたすら性的な興奮をかきたてるシーンへと向かいます。当たり前ですが、こんな映像の中では、女性は人間としてではなく、性交の道具として存在するだけです。そこで行われている行為は、対等な男女間（人間同士）のセックスではなく、見ているものを楽しませるためだけのものにすぎません。好きな人と2人でするセックスとはまったくちがうものなのです。

たとえ、ＡＶの中で女性（女優さん）が喜んでいるように見えたとしても、現実には女性にとって屈辱的《くつじょくてき》だったり、心身を傷つける行為だったりするのです。それなら男優さんは喜んでいるのかというと、どうもそれすらちがうようです。男性にとっても、金儲けの手段としての性行為はとても大変な「お仕事」らしいですよ。あるＡＶ男優は、「男優はハッキリ言って黒子《くろこ》です。女優を見せるための〝素材《そざい》〟にすぎないんです。酷使《こくし》されているのは男優です」とまで言っています（『メディア・セックス幻想――ＡＶにつくられる女と男の性文化』宮淑子、太郎次郎社）。

　ＡＶなどを見て、セックスとはこういうもので、男性はこのように行動して、女性はこういう反応を示すものだ、と思うのは大間違《おおまちが》いなのです。

　ところが、若い男性が現実のセックスでＡＶの影響を受けていることが指摘《してき》されています。もしそうだとすると、大変危険なことです。恋人が嫌がるのに無理やりセックスをすることをデートレイプと言いますが、被害者を支援する人たちの間で、加害者の男性の言動から、ＡＶの影響を指摘する声が多いのです。

　繰り返しますが、ＡＶがつくられているのは、お金儲けのためです。これなら売れるだろう、もっと刺激的にしたほうが売れるだろう、と次々につくられているのです。そういうものを撮影《さつえい》する人たちがいて、それをレンタル店で貸したり、ＣＤショップやインターネットで売る人たちがいる。お金儲けのためのシステムです。くれぐれもそんなものにだまされないでください。

本当の性とはそんなものではありません。進化の歴史から見ても、それは明らかです。他者と協力することでよりよい次の世代をめざそうとしたいのちが行きついたものが性、男と女です。自分にとってこの人だと思える「better half」は、大切な相手なのですから、その相手をお互いに大切にしあい、心も体も触れあい、慈《いつく》しみあう。そのことこそが、性の根源《こんげん》なのだと言ってもいいでしょう。一方的に自分だけが気持ちよくなるためだったり、ましてやお金儲けのために性はあるのではありません。そんな性は、「いやらしい」と拒《きょ》絶《ぜつ》していいのです。

あなたの身のまわりには、売り手の思惑でゆがめられた性の情報があふれています。性に興味を持ちはじめた若い人たちは、どうしても事実ではない情報に触れることが多くなります。けれども、そこから正しい知識は得られないということだけは覚えておいてください。

――でも、セックスの仕方を知らなければ、初めてのときに困らない？

大丈夫、困りません。お互いを思いやる気持ちがあれば、むしろ余計《よけい》なことを知っているよりよっぽどうまくいくと思います。

そもそも性の営《いとな》みは人に見せるものではなく、2人がつくりあげていく、とても個人的なものです。私たちはひとりひとり体格や体力もちがいますし、好みもちがいます。セックスはそんな2人でつくりあげるものですから、人によってぜんぜんちがいますし、同じ人でも状況や年齢、また、相手によってもちがってくるものです。そのときそのとき、相手のことをお互いに思いやって心地よいものをつくりあげていくことは、マニュアル化できるものではありません。AVのようにしなければと思って、同じようにできずに悩《なや》む男性も少なくありませんが、AVは現実ではありませんから、うまくいかないのは当然です。

私はむしろ、すてきな小説や映画に触れることをお勧《すす》めします。

セックスとは人の生の中で
人との関係として存在するもの

セックスとは、人の生の中で人との関係として存在するもの。そこだけ切り取って学ぶということに無理があるのです。小説でも映画でも、性がいきいきと描かれているかずかずのすばらしい作品があります。そういう作品の中で登場人物が体験する性は、物語の一部として描かれていますから、「この人の場合はこういう背景で、こういう性格でこういうシチュエーションだからこんなセックスをしたんだ」とか、「この2人だったら、こういう性の関係が不自然ではない」とか、登場人物の個人的なこととして理解できます。また、セックスのあり方にしても、物語の世界の中でそういうこともあるんだ、と自然に捉《とら》えられます。小説を読んだり、すてきな映画を観《み》たりすれば、いろいろな性の形に出会うことができます。

お勧めしたい本を挙げておきましょう。

バーリー・ドハティというイギリスの作家の作品には優れたものが何作もあります。『ディア ノーバディ』（中川千尋訳、新潮文庫）は、10代で妊娠《にんしん》、出産する女の子が主人公ですが、その悩みつつ生きる姿からたくさんのことを考えさせられます。そして美しいラストシーンは感動的です。

また、山田詠美の『蝶々の纏足《てんそく》』（新潮文庫）も面白いと思います。テーマは性というより主人公の16歳の少女の成長ですが、ボーイフレンドとの肉体関係も具体的に描写されています。

いろいろな作品から、「人が生きていくうちにはこういうこともあるんだ」ということにたくさん接《せっ》していくことができれば、性についても自然に学んでいけるでしょう。

一方で、相手のあるセックスをするには、知っておかなければならないことがほかにあります。それは第4部でお話しします。

第4部

セックスするなら知っておきたいことってどんなこと?

1 セックスってどんなことするの？

——セックスするのに知っておかなければならないことって何？

身体の構造や性についての知識、感染症《かんせんしょう》や妊娠《にんしん》のリスク、それらを防ぐ方法についての正しい知識です。そんなこと知らなくても……とうそぶく大人は多いかもしれませんが、知らなければ心も体も傷つく恐れがあるのは事実ですから、やはり正しいことを知っていてほしいと思います。

あなたの生をさかのぼり、性について生物的な面、社会的な面についてお話ししてきました。性とは生きのびるために生物が獲得《かくとく》した戦略《せんりゃく》で、オス・メスは生殖《せいしょく》においての役割《やくわり》分担《ぶんたん》でした。人間の性には社会的なさまざまな面もありました。そして、人と人が慈《いつく》しみあうことの根源《こんげん》が性なのだともお話しししてきました。

セックス＝性交ではない

ところで、「セックス」という言葉は何を意味しているのでしょう？　英語の「sex」は生物的な性別を意味する言葉ですが、日本語で使われるときは、「セックスする」というように、性行為の意味ですね。「エッチする」という言い方もあります。ではセックス（性行為）とはどんな行為だと思いますか？

ひょっとすると、セックス＝性交《せいこう》（男性のペニスを女性の膣《ちつ》に挿入《そうにゅう》すること）と思っているかもしれませんね。たしかに、生殖としてのセックス（赤ちゃんが欲しいと思ってするセックス）では、性交は不可欠です。けれども、キスを交《か》わしたり、抱《だ》きあったり、髪《かみ》や体を愛撫《あいぶ》しあったり、肌《はだ》をぴったりくっつけたり……大切にし合う2人がするセックスには、性交以外のこともたくさんあるのです。これからお話しすることは、性器や性交のことが多くなりますが、決してセックス＝性交という意味ではありませんので、その点を覚えておいてください。

――でも、やっぱり性交について興味があるな。

そうでしょうね。まずは体（生殖器）と性交について整理しておきましょう（便宜上《べんぎじょう》、典型的な男女の身体、性交についてお話しします）。

あなたが男性ならもうわかっていることですが、男性の外性器《がいせいき》は体の前面についていますね。ペニスと陰《いん》のうで、陰のうの中には精巣が入っています。ペニスはふだんはやわらかいですが、性的な刺激《しげき》を受けたり物理的に刺激を受けると中の海綿体《かいめんたい》に血液が流れ込んで膨張《ぼうちょう》し、大きく硬《かた》くなって上を向きます。これが勃起《ぼっき》です。朝起きたときに勃起していることもあると思います。また、思春期《ししゅんき》にはちょっとした刺激で勃起することもありますが、自然な反応ですから、恥ずかしいことではありません。

ペニスは人によって形が少しずつちがって個人差があります。顔や体格がひとりひとりちがうのと同じです。ですから、図に描いてあるような形ではなかったり、友だちと比べてちょっとちがっているかもしれません。

ペニスの大きさとセックスの良さは関係ない

「ペニスは大きいほうがいい」と思っていませんか？　ペニスの大きさも個人差がありますが、大きいほうがよりよい性交ができるわけではないのです。まして、性交だけではないセックス全体の良さが、ペニスの大きさに関係ないことはわかりますよね？

ときどき、尖端《せんたん》の亀頭《きとう》部分が包皮《ほうひ》に覆《おお》われている場合があります。「包茎《ほうけい》」と言います。勃起したときや手で包皮を下げたときに、亀頭部分が出てくれば心配ありません。包皮を下げても亀頭部が見えないとか、無理に下げると痛いなら「真性包茎」です。勃起すると

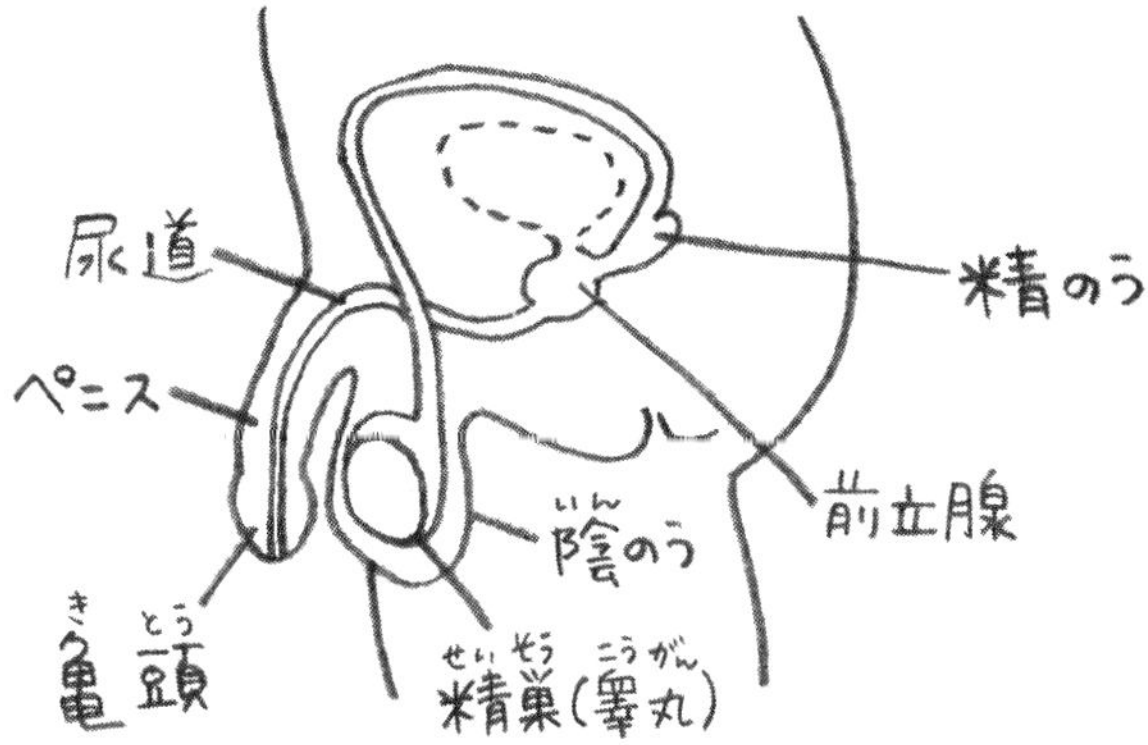

普通の状態

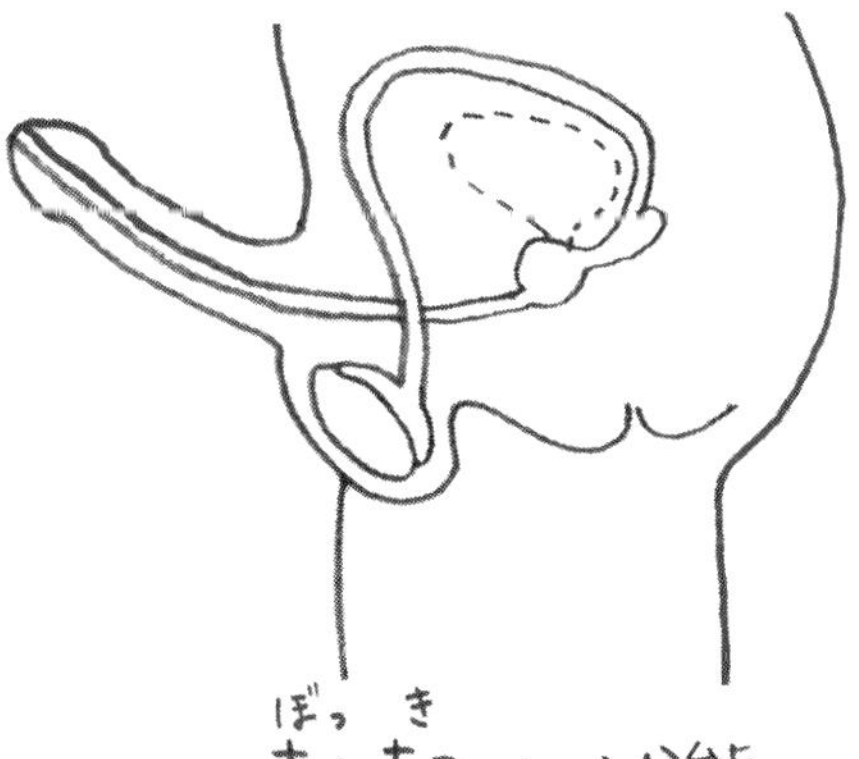

勃起《ぼっき》した状態

痛かったり、包皮の中に細菌が繁殖《はんしょく》して炎症を起こすこともあるので、治療が必要ですが、泌尿器科《ひにょうきか》を受診すれば簡単な手術で治ります。あなたが男性なら、入浴したときには、ペニスの包皮を下げて亀頭の下の溝《みぞ》になっている部分をよく洗ってくださいね。垢《あか》がたまると不潔《ふけつ》になり、臭《にお》いや炎症の原因になります。

精巣は睾丸《こうがん》とも言いますね。体の外にあるのは、精子をつくったり保存するのには体温より2〜3度低めがいいからで、陰のうの皮膚《ひふ》は薄《うす》く、暑いときは伸びて熱を発散し、寒いときには熱を逃がさないよう縮《ちぢ》んで温度調節をしています。ぴっちりした下着だと、ムレて不潔になったり、熱がこもったりするので、ちょっと余裕のあるものがお勧《すす》めです。

勃起してペニスが硬くなると、女性の膣に挿入して性交することができます。勃起したのちさらに性的に刺激され、興奮《こうふん》が高まると、精巣から精のうの近くまで運ばれてきていた精子たちは、精のうから出された液と、前立腺から出された液とまざって精液となり射精のときは、前立腺が収縮して精液が尿道を通って勢いよく放出されます。

次に女性の性器について見てみましょう。あなたが女性なら、自分の性器についてよく知らないかもしれません。男の子にとってはペニスも陰のうも子どものころから毎日目にして手で触《ふ》れる身近な存在ですが、女性の外性器は、鏡《かがみ》などを使わないかぎり自分では見えない場所にありますから。

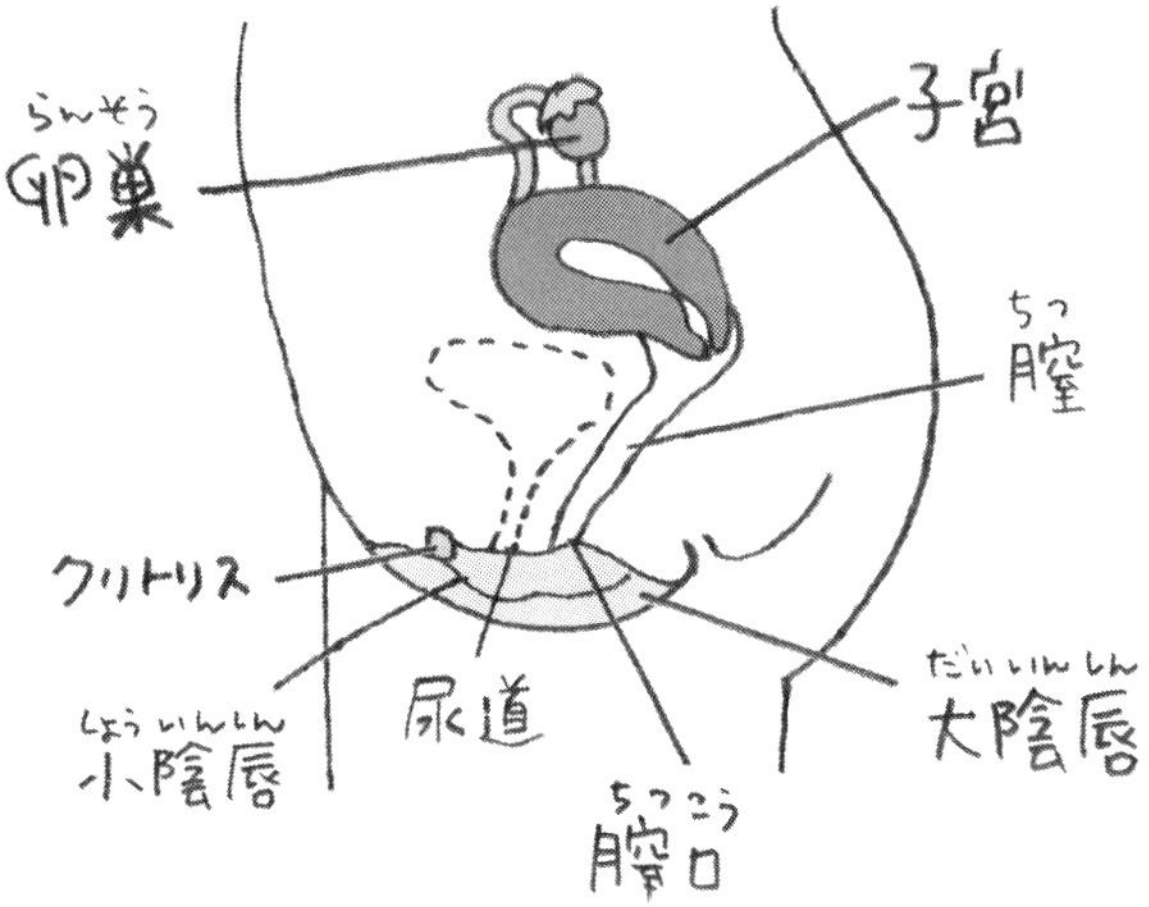
卵巣《らんそう》
子宮
膣《ちつ》
クリトリス
小陰唇《しょういんしん》
尿道
膣口《ちつこう》
大陰唇《だいいんしん》

実際、中学生女子の70％が自分の外性器を見たことがない、という調査結果もあります。各部の名称も、高校生女子でも正しく把握《はあく》している人は多くありません。

もちろん、自分の性器は見てはいけないものではありません。自分の性器に興味を持つのは当然のことです。一方、自分の性器を見るなんて恥ずかしい、と思う人もいるかもしれません。そう思うのもまた、自然なことです。自分の体について、知らないよりは知っていたほうがいいですが、そんな気持ちにならないなら、見ないでもいいのです。

女性の外性器も形や色は人それぞれです。大陰唇《だいいんしん》という対になったひだの内側に小陰唇《しょういんしん》があり、その内側の前のほうに陰核《いんかく》（クリトリス）があります。そのうしろに尿道口があり、そのさらにうしろに膣の入り口、膣口《ちつこう》があります。性的に興奮してくると、膣の中で粘性《ねんせい》のある液体（膣液）が分泌されて、ペニスが入りやすくなります。

――性交って、ちょっと怖いというか気持ち悪いような気がするんだけど。

気持ち悪いと思うのは自然な感覚だと思います。性交するときは2人とも清潔《せいけつ》にしておくことが大前提《だいぜんてい》ですが、それでも、お互いのプライベートゾーンを密着《みっちゃく》させるのですから、抵抗感《ていこうかん》があるのは当然です。とくに女性は身体の内側に他の人の身体の一部が入ってくる

アンネの日記

『アンネの日記』を知っていますか？　第二次世界大戦中、ユダヤ人だという理由でナチスによって強制収容所《きょうせいしゅうようじょ》に送られ、いのちを落とした少女、アンネ・フランクが隠《かく》れ家《が》で生活した2年の間に書いた日記です。アンネの死から2年後の1947年、ホロコーストを生きのびたアンネの父、オットー・フランクによって世に出され、世界中で読まれるようになりました。

ところが、それはいわば〈短縮版《たんしゅくばん》〉でした。13〜15歳を隠れ家で過ごしたアンネは自分の体の変化を感受性《かんじゅせい》豊かに表現し、性についても興味を持って、率直に書き記していましたが、当時の社会的な性のイメージへの配慮《はいりょ》から、オットーが性に関する記述などを削除《さくじょ》していたのです。

オットーの死後、1991年にオランダ語の〈完全版〉が刊行され、日本語にも翻訳されました。

1944年3月24日の日記から一部を紹介しましょう。ペーターというのは同じ隠れ家に住み、アンネが恋心を抱いた少年です。

アンネはこのとき14歳9ヵ月。およそ4ヵ月後に隠れ家がゲシュタポに見つかり、アンネはこの日から1年足らず、ペーターは13ヵ月あまりのちに別々の収容所で亡くなりました。ペーターの死は収容所が解放される3日前のことでした。

そのうちぜひペーターに訊《き》いてみたいんですけど、彼は女性のあそこが実質的《じっしつてき》にどんなふうになってるか、知っているでしょうか。わたしの思うに、男性のあそこは女性のほど複雑《ふくざつ》じゃないようです。写真だの絵だので、裸《はだか》の男性のようすは正確に見ることができますけど、女性のは見ることができません。女性の場合、性器だかなんだか、呼び名はなんだか知りませんけど、その部分は両脚《りょうあし》のあいだの、ずっと奥にあります。おそらく彼も、そんなに近くから女の子のそれを見たことはないでしょうし、じつをいうと、わたしもありません。男性については、説明するのもずっと簡単ですけど、女性についてはいったいどうしたらその部分の構造を彼に説明することができるでしょう。というのも、彼の言ったことから推測《すいそく》するかぎり、彼も細部《さいぶ》の構造についてはよく知らないみたいだからです。彼は〝子宮口《ムッテアムント》〟がどうのとか言ってましたけど、それはずっとなかにあって、外からは見えないはずです。女性のあそこは、ぜんぶがはっきりふたつに分かれたみたいになっています。十一歳か十二歳のころまでは、わたしもそこに二組の陰唇《いんしん》があることには気づきませんでした。どちらもぜんぜん見えませんから。わたしの誤解《ごかい》の最《さい》たるもの、いちばん滑稽《こっけい》だったのは、おしっこがクリトリスから出てくると思っていたことです。いつぞやわたしはおかあさんに、ここにある小さな突起《とっき》みたいなものはなんなのかと訊いてみたことがありますけど、知らないとの答えでした。いまだにおかあさんは、なんにも知らないようなふりをしています。

　とはいえ、そのうちまたその問題が持ちあがってきた場合、いったいどうしたら実例を使わずに、その仕組みを説明できるでしょうか。なんならここで、いちおうそれをためしてみるべきでしょうか。えっへん、ではやってみましょう!

　立ったところを正面から見た場合、見えるのはヘアだけです。両脚のあいだに、小さなクッションのような、やはりヘアの生えたやわらかな部分があって、直立《ちょくりつ》すると、それがぴったり合わさるので、それより内側は見えなくなります。しゃがむとそれが左右に分かれますが、その内側は真っ赤で、醜《みにく》くて、生肉っぽい感じです。てっぺんに、外側の大陰唇にはさまれて、ちっぽけな皮膚の重なりがあり、よく見ると、これが小さな水ぶくれのようなものになっているのがわかります。これがクリトリスです。つぎに小陰唇があって、これも小さな襞《ひだ》のように、たがいに合わさっています。これをひらくと、その内側に、わたしの親指の頭ほどもない、小さな肉質の根っこのようなものがあります。この先端は多孔質《たこうしつ》で、それぞれ異なる小さな孔《あな》がたくさんあり、おしっこはここから出てきます。さらにその下の部分は、一見ただの皮膚のように見えますが、じつは、ここに膣があります。見つけにくいのは、このあたり全体が小さな皮膚の重なりになっているせいです。その下の小さな孔は、見たところおそろしく小さく、ここから赤ちゃんが出てくることはおろか、男性がはいってこられるとさえ思えないくらいです。それほど小さな孔なので、人差し指を入れることもできません——すくなくとも、簡単には。たったそれだけのものなのに、これがとても重要な役割を果たしているんです！

（『アンネの日記　増補新訂版』深町眞理子訳、文春文庫より）

『アンネの日記』のほかの部分と同じように、この部分からもアンネのまっとうな好奇心と探求心《たんきゅうしん》が感じられますね。そしてしっかりと事実を見たことによって湧《わ》き上がる体の不思議さへの感動。そんなものがみずみずしい少女の感性のままに伝わってきます。この部分をカットしないことのほうが、はるかにアンネという魅力的《みりょくてき》な少女をいきいきとよみがえらせている気がします。

というのは想像できないですよね。
それでいいのです。私は小学生に話すときは、気持ち悪くならない魔法《まほう》の鍵《かぎ》がひとつだけある。それは「愛」で、この鍵をつかったときだけ気持ち悪くなくなるから不思議なんだよ、と話します。また、ある男性の先生はこんなふうに子どもたちに話したと言います。小さいときお母さんにだっこされてほおずりされたよね。気持ち悪かった人いる？　とても心地《ここち》よいことでうれしいことだったはず。でも知らないおじさんに抱きしめられたりほおずりされたら気持ち悪い。人と人の関係には、その行為が許される関係があって、その関係だったら心地よいことになる。そういう人と出会ったときに、これが気持ち悪くなくなるんだよ、と。

——それはわかるけど……。

そうですね。中学生のあなたの不安はもうすこし別なところにありますよね。じつは、たとえお互いに好きで、性交を含むセックスをする関係になった2人でも、いつでも気持ち悪くないとはかぎりません。けんかしているときはセックスなんてしたくもないでしょう。けんかしていなくても、いきなり性交はできません。お互いに愛《いと》おしいと思い、肌に触れあったりして2人とも性的に興奮してきてはじめて、自然に性交ができるのです。性交だけをクローズアップすれば気持ち悪くても、セックスの一部となったとき気持ち悪くなくなるのです。

そしていつか、あなたが「この人とセックスしたい」と思う人に出会ったとき、きっとあなたは気持ち悪いなんて思っていないはずです。そういう出会いがあるのです。ですから、気持ち悪いと感じているのに無理してセックスする必要はまったくありません。セックスは2人とも無理なく、気持ち悪くないと思えるときにするものなのです。

――わかったようなわからないような……。

どんな人とどんなときにセックスするのか、ことに初めてのときはいつ決心するのか、大問題ですね。セックスと2人の関係については、セックスについて知っておきたいことをお話ししたあと、第4章でお話ししたいと思います。

つぎに、ひとりでするセックスとも言える自慰（マスターベーション、オナニーとも言います）についてお話ししましょう。

2人でするセックスの話より、恥ずかしいかも。

自慰とは、自分で自分の性器を刺激して性的な快感を得る行為です。本当にプライベートなことですから、恥ずかしい気がするのももっともです。だから、おおっぴらに誰とでも話すものではありませんが、思春期を迎《むか》えて性的に成長してきているのですから、自慰をすることは、自然なことです。もし、自慰をすることに罪悪感を感じたり悩んだりしているなら、そんな必要はありません。

では、具体的にどんなふうにするのか——それはひとりひとり自分で見つけていってください。まったくの自分流でいいのです。気をつけなければならないのは、性器や手を清潔にしておくことくらいです。女性の場合、自分の性器は見えないところにあってよくわからない部分ですが、触れるとどんな感じがするのかなど自分の体を知る機会にもなります。男性の場合はたいてい最後に射精します。あなたが男性なら、精液を受けたティッシュなどはきちんと始末《しまつ》しましょうね。

——体に害はないの？

ありません。かつてヨーロッパやアメリカなどキリスト教の世界では、自慰は罪悪《ざいあく》とみなされ、男の子が自慰できないような器具がつくられたり、性欲がなくなるような食べ物が開発されたりしました。ウソみたいな話ですが、本当です。日本でも明治以降、自慰は「悪癖《あくへき》」とか「自瀆《じとく》」などと呼ばれ、1960〜70年代に性的なことを肯定的《こうていてき》にとらえる運動がひろがるまで、心身によくないこととされてきました。

やりすぎると病気になると言われたり、自慰をすることでセックスのことばかり考えるようになるとも言われていましたが、今日ではそんな心配はないことがわかっています。セックスのことばかり考えてしまうのは、思春期ならありえることです。もっとも、自慰は必ずしなければならないというものでもありません。毎日する人もいれば、週1回くらいの人も、あんまりしない、という人もいるのです。

ちなみに、かつては女性に性欲はない、というのが社会的なイメージ（あるいは建前《たてまえ》）でしたから、男性にも増して女性が自慰をするなんてあってはならないこと、と考えられてきました。もしあなたが女性で、自慰について抵抗感が強いとすれば、かつてのイメージがまだ社会に残っているからかもしれません。もちろん、そんなことは気にしなくてもいいのです。

――男のほうが性欲があるんでしょ？

それは一概には言えませんが、思春期の性欲については、男女の間の発達のちがいがあることを理解しておくといいでしょう。男子は高校生くらいになるとセックス、中でも性交したいという欲求が強くなるのに対して、女性の場合はキスや抱擁《ほうよう》などにあこがれたとしても、性交をしたい、という欲求はそれほど強くないかもしれないのです。

だから、高校生同士でつきあっている場合、男子は性交したい、という欲求があるのに、女子にはそんな欲求はない、という欲求のズレが起こることもあるのです。それで、女の子が、「嫌《きら》われたらどうしよう」という気持ちから、彼の求めに応じてセックスしなければ、と思うことも起こります。

こんなとき、女の子への私のアドバイスは、「そんなことで嫌うような相手なら別れなさい」です。彼と話しあったうえで、「あなたがセックスしたいのはわかるけれど、私はしたくない」と言える関係を築《きず》いてほしいのです。あなたが無理したところで、それは幸

性欲を抑える食べ物？

アメリカの牧師《ぼくし》だったシルヴェスター・グラハムは性欲、中でも自慰が健康に悪い影響を及《およ》ぼすと考えていました。肉や香辛《こうしん》料《りょう》などで風味をつけた食べ物は性欲を増し、味のない食事が性欲を減らすとの考えから、1829年、ふすまや胚《はい》を取り除《のぞ》いていない小麦粉（全粒粉《ぜんりゅうふん》）でつくった味つけしないクラッカーを開発しました。今でも全粒粉をグラハム粉とも言いますね。

　同じように性欲抑制《せいよくよくせい》の食品として開発され、もっと一般的になった食品がコーンフレークです。医学博士だったジョン・ハーヴェイ・ケロッグが開発し、それを兄弟のウィル・キース・ケロッグが一般向けに売り出したのです。1900年初めのことです。ただし、ウィルは砂糖を加えました。そのおかげでしょうか、ケロッグのコーンフレークはアメリカで朝食として普及し、戦後は日本の食卓にものぼるようになりました。また、「グラノーラ」もケロッグ博士が同じ目的でつくった全粒の穀物《こくもつ》をつかった食品です。

　性欲を減らすために研究を重ねる――ずいぶん悪者扱いされてきたものです。その研究のおかげで、おいしいものを食べられると思えば文句もないかもしれませんが……。でも、性欲はそうまでして目の敵《かたき》にしなければならないものでしょうか？

　性を通じてしかいのちをつなげていけないところまで進化した多くの生物にとっては、性欲がなくなることは絶滅《ぜつめつ》を意味するのです。最近は他人とのコミュニケーションを面倒《めんどう》くさがり、性的関係も持ちたくないという人が増えはじめているなどと聞くと、そのほうがよほど大変なことなのではないかと、私は思います。もっとも、欲望のままにふるまっていいと言っているのではありませんので、念のため。

せにはつながりません。あとでお話しするように、セックスは大変なリスクをともなうものです。本当にあなたを思っている彼なら強要《きょうよう》するはずはないのです。

男の子へのアドバイスは、「女の子が『セックスをしたくない』と言ったからといって、あなたのことを嫌いなわけではないんだよ」です。「大好きだけれどしたくない」という気持ちもあるのです。そんなときは待ってあげて。大切な人の思いは大事にしてほしいと思います。

——でも、セックスは本能《ほんのう》だから自分でも止められないんでしょ？

本能かどうかはともかく、「すごく性交したい」という衝動《しょうどう》に駆《か》られることはあるでしょう。けれども、セックス（性交）はそのときの衝動にまかせてやったり、なんとなく相手にひきずられてするには、心身のリスクが大きすぎます。次の章でお話しするように、無防備《むぼうび》なセックスはさまざまな、ときに大変大きなリスクをともないます。衝動にまかせてしまうのは、自分自身に対しても、相手に対しても無責任な行動となります。性の欲《よっ》求《きゅう》はコントロールすることが必要なのです。本能だから止められないと思っていては、衝動をコントロールできません。

男子は性欲旺盛で女の子とセックスするのが当然というのも社会的な思い込み

あなたが男性で、強い性衝動《せいしょうどう》を自覚しているなら、相手のある場合にはそれをコントロールすることが大切です。それができるのはあなた自身だけ。ひょっとすると、どうしようもない性欲をもてあましているかもしれませんが、それが一生つづくのではありません。せいぜい4〜5年でしょうか。あなたにとってはずいぶん長いでしょうが、あなたの衝動はあなた自身でつきあっていくしかありません。自慰をすることも助けになるでしょう（ただし、AVなどに頼りすぎるのには注意が必要なことは第3部でお話ししたとおりです）。

思春期の男子は性欲に振り回されるもの、性欲旺盛《せいよくおうせい》なのだから女の子とつきあってセックス（性交）もするのが当然——という社会的なイメージもあります。それが思春期の男子の背中を相手のあるセックスへと押しているかもしれません。当たり前ですが、思春期の男子みんなが抑《おさ》えきれない性衝動に振り回されているわけではありませんし、性欲に悩まされながらもコントロールできている人や、「性的に積極的《せっきょくてき》」というイメージを負担に感じている男子もいるのです。男子なら性欲旺盛なはず、という思い込みに影響されていないか、いちど考えてみてもいいと思いますよ。

――じゃあ、初体験はいつごろがいいの？

いつがいちばんいい、というのは誰にも決められません。もちろん、早いのがいいということはありません。一生セックスしない人もいて、人によってさまざまです。でもあなたは、こんな答えが聞きたいんじゃないですよね。参考になるデータを紹介しましょう。

2011年に実施された日本性教育協会による「青少年の性行動全国調査」で、性交経験について調査しています。性交経験とは、今までにいちどでもセックスしたことがあるかどうかです（調査の時点で誰かとセックスする関係にあるということではありません）。中学生では、性交経験がある人は男子が3・8％、女子は4・8％。高校生では男子が15・0％、女子は23・6％。大学生の場合は男子が54・4％、女子は46・8％です。中学生では圧倒的《あっとうてき》に少数派、高校生でも経験者は4分の1以下、大学生でも半数前後です。

――意外と少ないような……。

このアンケートは、中学生、高校生の場合は学校で実施され、調査対象となったクラス

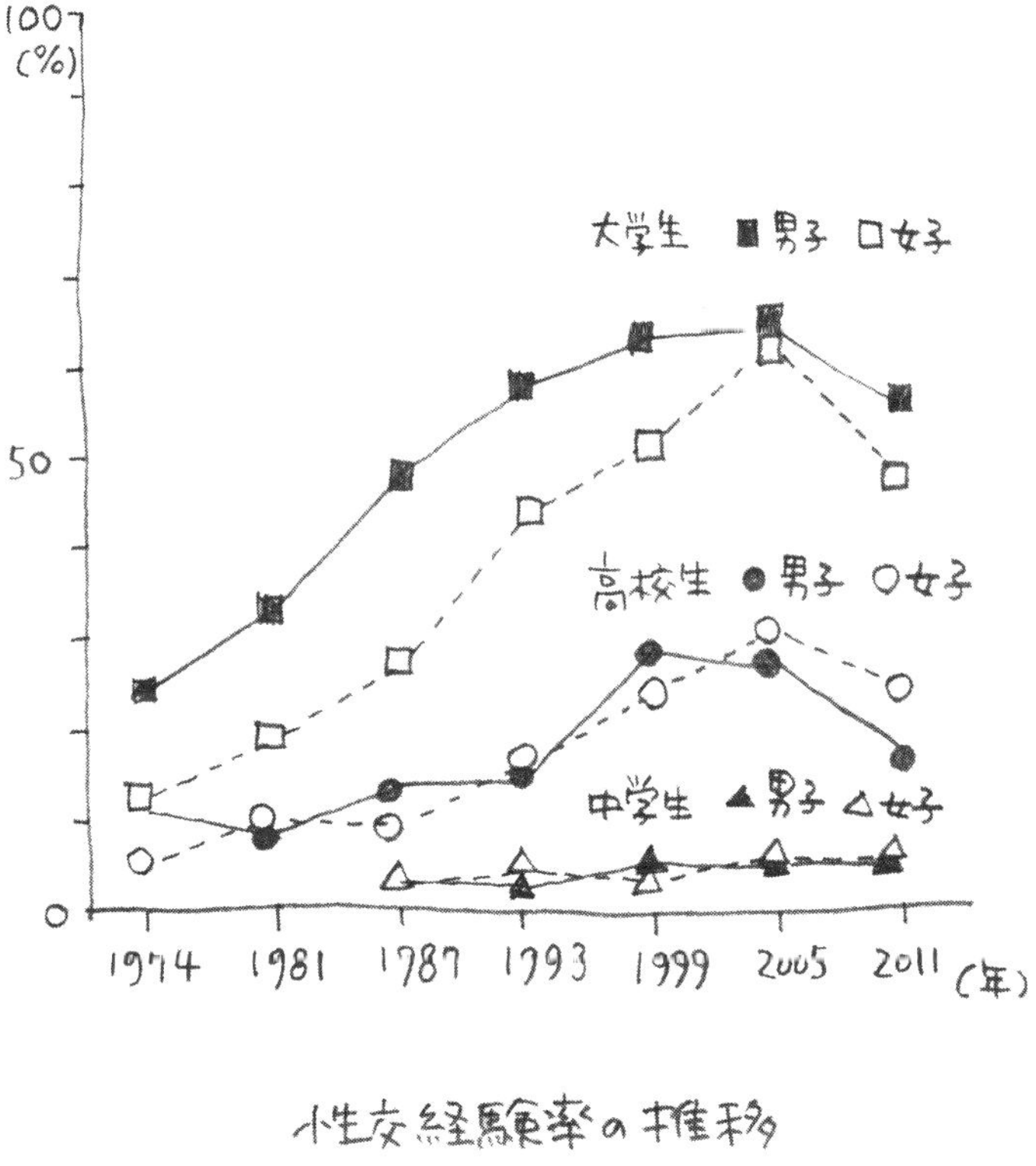

日本性教育協会「第７回青少年の性行動全国調査」2012より（p159も）

全員が封筒《ふうとう》に入れて配られたアンケートに答え、封筒にもどしたものを回収《かいしゅう》する方法がとられました。その際、本当のことを書くかどうか、それは本人次第ですが、ひとつの目安にしてもいいのではないでしょうか。この調査は1974年から行われていて、40年近い間の推移《すいい》を見ることができます（初めの2回は中学生は対象に含まれていませんでした）。

「セックスの低年齢化《ていねんれいか》」という言葉を聞いたことがあるかもしれません。グラフを見ると、たしかに高校生の性交経験率は1990年代から上がってきていますね。93年に17歳（高校2年生）だった人は2013年に37歳ですから、あなたのご両親と同世代か、ちょっと若いくらいでしょうか。

2011年には93年より減少しています。すくなくとも、性交経験がないからといって、焦《あせ》る必要はないでしょう。マイペースでいいのです。

デート経験、キス経験についても調査されていますので、参考までに見ておきましょう。

思春期なのにデートしたこともないなんて！ なんて思っていませんか？ デート経験（今までに1度でもデートしたことがある）も、中学生では少数派、高校生でも半数くらい、大学生でようやく70％台です。

キス経験（今までにいちどでもキスをしたことがある）は、2011年、中学生男子は14・3％、女子は12・5％。高校生では男子が37・3％、女子が43・7％。大学生の男子

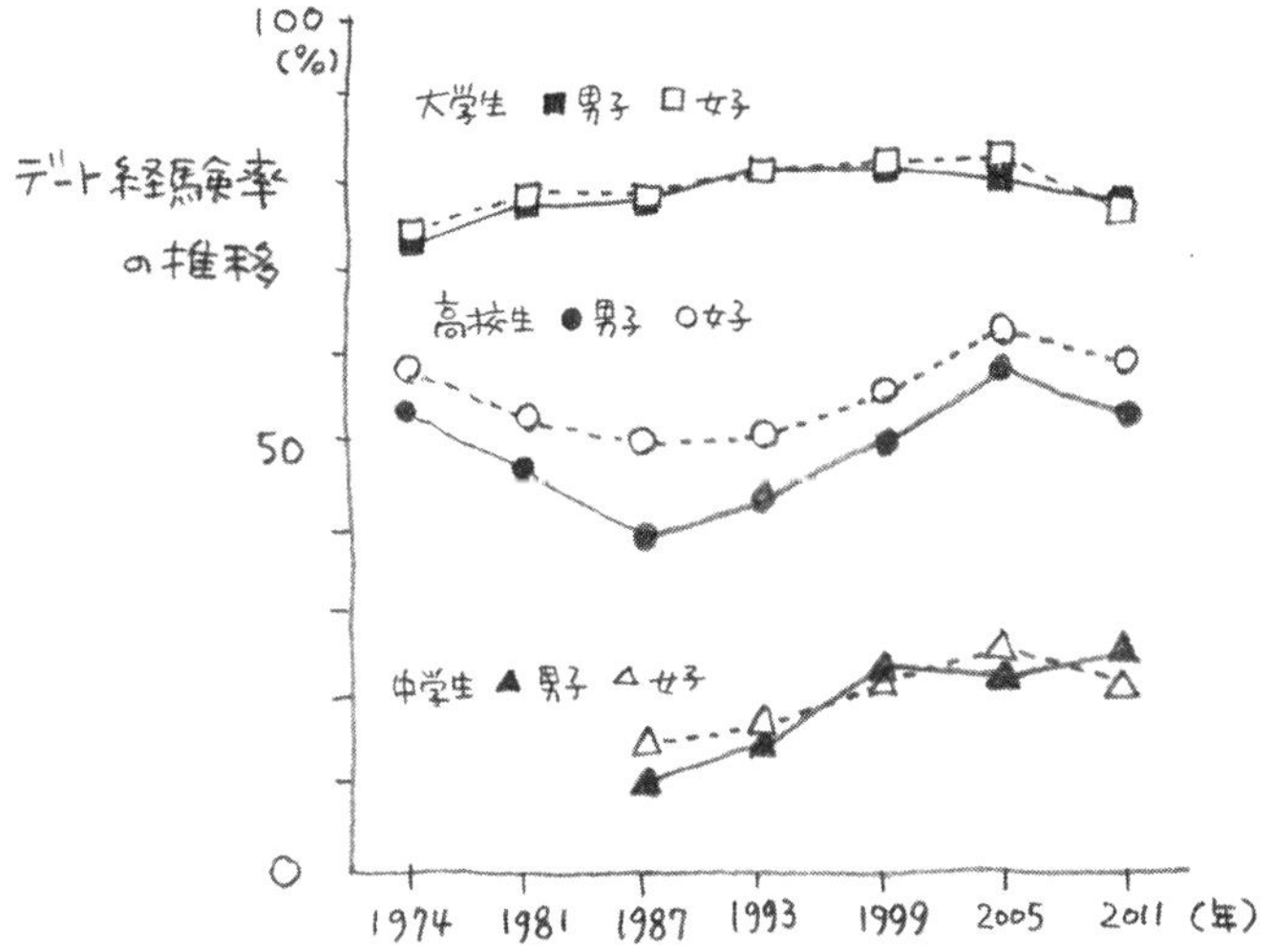
デート経験率
の推移
100
(%)
50
0
大学生 ■男子 □女子
高校生 ●男子 ○女子
中学生 ▲男子 △女子
1974
1981
1987
1993
1999
2005
2011
(年)

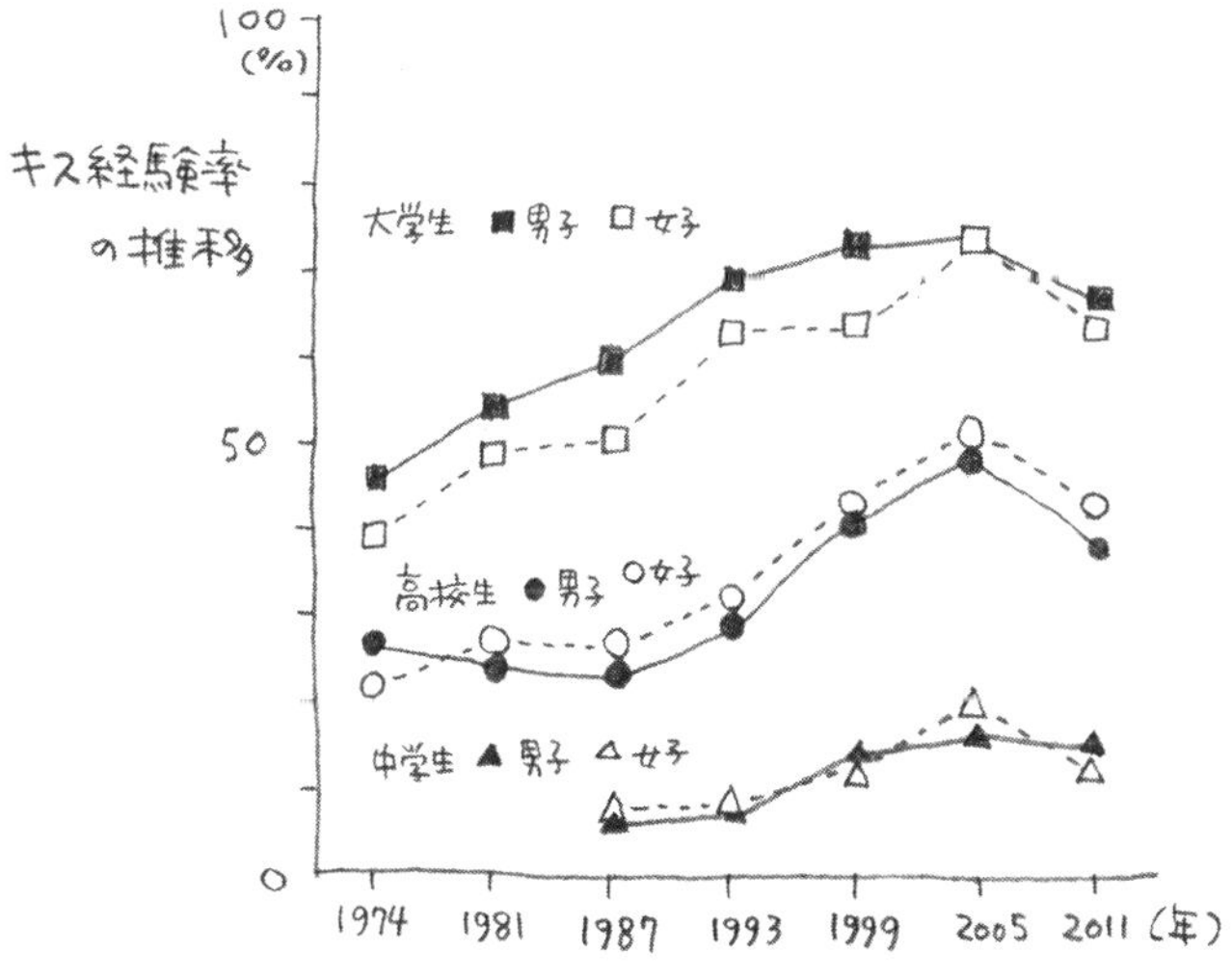
キス経験率
の推移
100
(%)
50
0
大学生 ■男子 □女子
高校生 ●男子 ○女子
中学生 ▲男子 △女子
1974
1981
1987
1993
1999
2005
2011
(年)

は66・2％、女子は63・2％です。

キスも性交も人と人との親密な許し合い。初めての経験はあなたにとってどんなものになるのでしょうか。相手があることですから、素敵な経験になるかもしれませんし、ひょっとすると思っていたようではなかったりするかもしれません。でも、そのときがどんなふうに訪れたとしても、自分の気持ちに素直に踏み切れるといいですね。

――初めてセックスすると、女性は出血するの？

初めて性交したとき、処女膜《しょじょまく》が破れて出血すると信じている人がいますが、間違いです。処女膜という言葉から、膜が膣口を覆っていて、初めてペニスが挿入されるときにその膜が破られる――というイメージがあるかもしれませんが、実際には膣口をふさぐような膜があるわけではありません。もし、膣口が膜で覆われていたら、月経血《げっけいけつ》は外に出られませんし、タンポンを入れることもできません。処女膜は膣のまわりにある薄い粘膜のことを指すと言われますが、処女膜はない、と言う医師もいます。それくらいあいまいなものなのです。

初めてペニスが入ってくると、膣の内壁《ないへき》がこすれて傷がついて少し出血する場合もありますが、初めてのセックスでかならず出血するというのは間違いです。ですから、出血があったかなかったかで、ヴァージンかどうかはわかりません。

初めてのとき、女性は痛いものなの？

初めてのときは緊張《きんちょう》してしまいますから、ペニスがスムーズに入らないこともあるでしょう。そうすると痛いと感じるかもしれません。けれども、みんながみんな痛いと感じるのではありません。女性が性的に興奮し、十分に膣液が分泌されていれば痛くないかもしれません。相手が乱暴にすれば当然、痛いです。相手がやさしくすれば痛くしないでできるでしょう。

また、女性は初めてのとき、挿入されて気持ちいいとは感じないかもしれません。セックスはお互いが少しずつ心地よさを見つけていくもの。初めからうまくいかないのは普通です。もし、いつもいつも痛いなら、産婦人科の医師に相談したほうがいいでしょう。できれば彼と2人で。

さて、いろいろなことを話してきましたが、「セックス」のことがわかってきたでしょ

初めてのセックスでかならず出血するというのは間違い

うか。私は以前、卒業直前の6年生に「『セックス』という言葉からあなたが感じるのにいちばん近いものはどれ？」と無記名のアンケートで聞いたことがあります。結果は以下のようでした（複数回答です）。

・知りたいと思うが自分にはまだ関係ない　――18人
・とても嫌だ、聞きたくない　――7人
・ちゃんと教えてほしい　――6人
・いやらしい！　――3人
・恥ずかしい！　――3人
・怖い　――2人
・こっそり教えてほしい　――2人

知りたいと思う素直な心が大半。興味を持っているのはみな同じです。私がむしろ気になったのは、「嫌だ！」「いやらしい！」「怖い」という反応。どこかで間違った知識が入っての反応なのだと思いました。社会にはそういうものがあふれかえっていますから。

でも、正しいことをきちんと知ることは、とても大切なことです。「いやらしい」ことと「恥ずかしい」ことは違うのです。「恥ずかしい」と思うのは当然です。人は誰にでも自分のすべてをさらすわけではないのですから。個人的な性のことを恥ずかしげもなく語ることのほうがおかしい。でも「いやらしい」ことではないのです。

145ページのコラムで『アンネの日記』を紹介しましたが、アンネが自分の体をしっかり見つめてその不思議なつくりに驚きながら正しく理解していったように、自分の体や自分がいずれ体験するであろうセックスのしくみについて知りたいと思うのは当然です。

ちょっと恥ずかしいけれど、ちゃんと知っておきたい、そういうことにまともに答えてくれる先輩《せんぱい》や大人がいなければ、不安になってしまいますよね。あなたの疑問は少しはとけたでしょうか。これからも知りたいと思ったとき、まっすぐに質問できる信頼できる大人があなたのそばにいるといいなと私は願っています。

次の章では、セックスをする前に知っておかなければならない、セックスのリスクと予防についてお話しします。

2 セックスのリスクってなに？

——セックスにともなうリスクってどんなものなの？

私たちの体は皮膚で覆われていて、皮膚が体の内側と外側を分け、外からの菌《きん》やウイルスなどの侵入《しんにゅう》をふせいでいます。セックスは、皮膚を密着させるだけでなく、体の内側ともいうべき粘膜《ねんまく》の接触《せっしょく》も含む行為です。やり方によっては相手の心身に大きな傷を与えたり、反対に受けたりすることがあります。リスクを理解し、対策を知っておくことが大切です。

主に次の3つのリスクがあります。

・性感染症
・望まない妊娠

・性暴力《せいぼうりょく》

この章では、性感染症と妊娠についてお話ししていきましょう。

まずは、性感染症から。性感染症とはセックスにともなう接触によってうつる病気です。精液《せいえき》や膣の分泌液《ぶんぴつえき》や、性器や口やのど、肛門《こうもん》などの粘膜を介して感染します。粘膜が接触するようないわゆるディープキスや性器にキスをするオーラルセックスでもうつります。

エイズも性感染症のひとつです。エイズについてはあとで詳しくお話しします。エイズ以外の主な性感染症には次のものがあります。

性器クラミジア感染症
性器ヘルペスウイルス感染症（性器ヘルペス）
尖圭《せんけい》コンジローム
梅毒淋菌《ばいどくりんきん》感染症
膣カンジダ症
膣トリコモナス症

それぞれについての説明は省きますが、これらの性感染症は、菌や原虫（単細胞の寄生虫）が原因となる感染症で、抗菌剤や抗生物質、抗原虫薬などで治療が可能です。

性的な接触によって感染するものですから、いずれも予防にはコンドームが有効です。完全に予防できないものもありますが、リスクを大幅に減らすことができます。クラミジア感染症や淋菌感染症にかかっているとエイズの原因となるＨＩＶに感染しやすくなることもわかっています。また、男女とも不妊の原因になることもあります。

症状が弱いものもあり、気づかないこともありますが、感染を放置しておくとエイズや不妊のリスクが高くなりますから、体調や体の変化に気をつけて、性器に違和感《いわかん》やかゆみ、痛みがあるとき、女性の場合はおりものに異常がある場合にも医療機関を受診しましょう。性感染症の診断と治療は男性は泌尿器科、女性は産婦人科《さんふじんか》で行います。性感染症を疑《うたが》って受診するときには、あらかじめ電話で連絡しておくと受診がスムーズです。また、セックスをする人同士お互いに感染させあいますので、感染していた場合は２人同時に治療することが大切です。

——たくさんの病気があって怖くなってきた。

性交は、非常に密な接触ですから、感染のリスクはつきものです。それほどのリスクがあってもなお、別々のいのちが一緒になって新しいいのちをつくることの意味を改めて考えさせられます。

けれども、感染のリスクはコンドームを正しく使うことでかなり減らすことができますし、感染した場合でも早期に治療すれば健康への影響も少なくてすみます。それは、エイズの場合でも同じです。エイズと言うと特別な病気のように思いますが、性感染症のひとつですから、他の性感染症と同様に予防してリスクを下げることができますし、最近では治療法が開発されていますから、感染した場合でも治療が可能です。

では、エイズについてお話ししましょう。

エイズ（ＡＩＤＳ）とは、ＨＩＶ（ヒト免疫不全《めんえきふぜん》ウイルス＝Human Immunodeficiency Virus）に感染して起こる病気で、後天性《こうてんせい》免疫《めんえき》不全《ふぜん》症候群《しょうこうぐん》（Acquired Immune Deficiency Syndrome）の頭文字でＨＩＶに感染して治療をしないと、免疫力が低下して、健康な人ならなんともない菌やウイルスによる感染症にかかるようになります。これがエイズです。発症《はっしょう》までの時間は感染した人の健康状態や免疫力によってまちまちで、感染から１〜２年で発症する人もいれば、10年以上たってもエイズを発症しない人もいます。

ＨＩＶは弱いウイルスで、人間の体内でしか生存できず、水や空気に触れたり、熱を加えたりすることで、簡単に感染力を失います。唾液《だえき》や汗《あせ》や尿や涙《なみだ》の中にはＨＩＶは非常に少ないので、これらから感染することはありません。また、食べ物や、虫などを介した感染の報告もありません。社会生活の中でうつることはまずありません。感染するのは主に次の３つの経路です。

性行為による感染

ＨＩＶは主に血液や精液、膣分泌液《ちつぶんぴつえき》に含まれるので、性器や肛門、口などの粘膜、傷のあるところの接触を通して感染します。エイズを発症していなくても、ＨＩＶに感染していれば、性行為で相手に感染させる可能性があります。

血液による感染

ＨＩＶを含む血液を輸血《ゆけつ》した場合や、注射器《ちゅうしゃき》などを使い回しすることによって感染します。現在、日本では献血《けんけつ》された血液は厳重《げんじゅう》に検査されていて、ほぼ安全です。医療機関では使い捨ての注射器が使われていますから、病院の注射針からの感染はありません。ところで、１９８０年代に「薬害《やくがい》エイズ」という大きな問題が起きました。血友病患《けつゆうびょうかん》

日本でのHIV感染ルートはほとんどがセックス

者《じゃ》の治療に加熱処理《かねつしょり》していない血液製剤《けつえきせいざい》が使用され、それがＨＩＶに汚染されていたために血友病患者の多くがＨＩＶに感染したのです。非加熱の血液製剤の危険性がわかったあとも、製薬会社《せいやくがいしゃ》は非加熱の血液製剤をつくりつづけ、医師はそれを使用しつづけ、厚生《こうせい》省《しょう》（現在の厚生労働省《こうせいろうどうしょう》）は対策をとらなかったため被害が拡大しました。当時は有効な治療法が開発されていませんでしたから、エイズを発症し死亡した人も多くいます。

現在では、加熱処理が行われているので、血液製剤で感染する心配はありません。

母親から赤ちゃんへの感染

母親がＨＩＶに感染していると、妊娠中や出産のときに赤ちゃんに感染することがあります。母乳《ぼにゅう》による感染の例もあります。日本では、お母さんがＨＩＶの治療薬を飲むことや母乳を与えないことで、赤ちゃんへの感染は１％以下に抑えられています。

このように、現在の日本では血液による感染はほぼありませんし、母子感染《ぼしかんせん》については妊娠して検査をすればＨＩＶに感染しているかどうかがわかりますから、対策をとって防ぐことができます。日本でのＨＩＶの感染ルートのほとんどがセックスです。

普通のセックスでもうつるの？

うつります。「エイズは特別なセックスで特別な人たちがうつる特別な病気」と思っていたら間違いです。他の性感染症と同じように、ペニスを膣に入れたときやオーラルセックスをしたときだけでなく、キスをしたとき口の中に傷があれば、感染する可能性があります。セックスの相手が異性《いせい》でも同性《どうせい》でも感染の可能性はあります。ＨＩＶは男性同性愛者（ゲイ）が感染するイメージがあるかもしれませんが、それは間違った思い込みで、異性間のセックスでも感染します。

エイズって日本では少ないんでしょ？

厚生労働省エイズ動向《どうこう》委員会《いいんかい》報告《ほうこく》によると、２０１１年に日本でＨＩＶ感染者として報告された人は１０５６人で、２００７年以降５年連続で１０００人を超えています。また、エイズ患者の報告数（過去にＨＩＶに感染していてエイズ発症でいきなり感染に気づいた人の数）は４７３人で、あわせて１５２９人です。２０１１年には、平均して１日に４人

HIVは異性間の
ふつうのセックスで感染する

が、ＨＩＶ感染か、エイズを発症していることがわかった、ということになります。

日本中で1日4人なら少ないと思うこともできるでしょう。けれども、この数字は報告数なので、ＨＩＶに感染していても検査を受けていない人は含まれていません。実際に感染した人はもっと多いと考えられています。エイズもほかの性感染症と同じように、あなたも感染するかもしれない身近なリスクであることを忘れないことが大切です。

もうひとつ大切なことは、ＨＩＶの感染はコンドームを正しく使えば、ほぼ１００％防ぐことができることです。

――えっ、ほぼ100％？

はい。ＨＩＶは感染力の弱いウイルスで、多く含まれるのが血液、精液、膣分泌液ですから、セックスのときにそれらと直接に触れないようにすれば感染を防ぐことができます。ですから、セックスするときはいつでも正しくコンドームを使っていれば、ＨＩＶ感染のリスクはかなり低くなります。予防については、のちほど改めてお話しします。

つぎに、感染した場合の話をしましょう。

感染すると数週間以内にインフルエンザに似た症状が出ることがあります。6～8週間すると、血液中にできたＨＩＶ抗体《こうたい》を測定できるようになるので、検査を受けて感染しているかどうか調べることができます。感染しても多くの場合、１～数年間は症状がでませんが、放っておくと、免疫力が下がって、健康であればかからない病気などを発症するようになります。

現在、体の中にいるＨＩＶを完全にとりのぞく治療法はありませんが、さまざまな治療薬が開発されていて、ＨＩＶに感染していても、定期的に病院に通って、きちんと薬を飲むことでエイズの発症を遅らせることが可能になっています。エイズを発症してからの治療法もありますが、発症した場合、３分の１の人は入院が必要になります。エイズを発症しない間に治療をはじめられれば、健康や日常生活への影響が少なくてすみます。

ＨＩＶ感染はＨＩＶ検査を受けないと見つけることはできません。コンドームを使わないでセックスをしたり、ＨＩＶに感染したかもしれない、と不安に思ったときには、検査を受けましょう。ＨＩＶ検査は、全国ほとんどの保健所《ほけんじょ》や検査所で無料で、匿名《とくめい》で（名前を言わずに）検査できます。

――でも、検査に行く勇気がでないかも。

HIVに感染しても、エイズを発症しても治療することができる

いくら早期治療が大切とわかっていても、検査に行くのはなかなか難しいかもしれませんね。エイズに関しては、いろいろな相談機関《そうだんきかん》があります。行政《ぎょうせい》の相談窓口だけでなく、NPOなど民間団体《みんかんだんたい》もあります。HIVに感染したかも？　と思ったり、なにか不安があるときは、まずは相談してみるといいでしょう。今はHIVに関してさまざまなサポートが受けられます。電話で相談できるところなどを巻末に紹介しておきます。

万一、検査をして感染がわかってもそれで人生終わりというわけではありません。今では感染者のほとんどが仕事をつづけて暮らしています。HIVはともに生きるウイルスとなっています。

——HIVに感染しても普通に暮らせるの？

他の慢性疾患《まんせいしっかん》と同じです。きちんと治療を受けて体調管理に気をつければ、ほぼ感染前と同じ生活が送れます。感染してもパニックにならないでくださいね。とはいえ、感染しないほうがいいに決まっています。

では、予防についてお話ししましょう。HIVはコンドームを正しく使うことで、ほぼ完全に感染を防ぐことができますが、肝心なことは、セックスするときは必ず、いつでも、つねに正しくコンドームを使うということです（妊娠を望んでセックスする場合は別ですが）。

――セックスする相手が決まっている場合は、使わなくてもいいんでしょ？

ＨＩＶに感染していない人同士なら、コンドームを使わなくても感染しないことは事実です。けれども、2人とも絶対に感染していないことは確認しようがありません。あなたとセックスをする関係にある人がＡさんひとりでも、もしＡさんが過去にセックスをした人がひとり（Ｂさん）でもいれば、ＢさんがＨＩＶに感染していた可能性がありますから、Ａさんも感染している可能性があります。付き合っている人の元カレ、元カノが誰と付き合っていたか、完全に把握してる人なんていないでしょう？　当然ですが、あなた自身についても同じことが言えます。

どんな関係でも、また、相手がどう言おうとも、自分も含めて感染の可能性はありうるのだから予防する、ということにつきるのです。1対1の関係であれば大丈夫と思うところに大きな落とし穴があります。ＨＩＶにかぎらず、ほかの性感染症にも当てはまることです。すべての性感染症のリスクを減らすために大切なことは、必ず、いつでもコンドー

HIV感染は人生の終わりじゃない

予防は大切ですが、それでも、HIVに感染してしまう場合もあります。『21世紀の課題《かだい》＝今こそ、エイズを考える』（池上千寿子著、日本性教育協会）に掲載《けいさい》されている実際にあったエピソードを紹介したいと思います。付き合っていた彼と別れてからHIV感染を知ったある女性の話です。

HIV感染がわかったとき、幸《さいわ》い、女性の免疫力はそれほど落ちてはおらず、治療をはじめました。彼女にとって別れた彼が初めての恋人で、彼としかセックスをしたことはなかったので、HIVは彼から感染したとしか考えられません。他の人と同じように恋愛しただけなのに、と初めは彼を恨《うら》んだといいます。

でも、生まれてはじめて本気で愛した人を死ぬまで恨んで生きていくのは自分がかわいそう、それに感染したのはコンドームを着けなかった2人の責任、と彼女は思いなおし、感染を彼に伝える決心をしました。彼は自分がHIVに感染しているとは思ってもいなかったはずだし、自分は感染がわかって治療をはじめられるけど、感染を知らないままだったら彼はエイズを発症してしまうかもしれない、と考えたからです。

最初、彼は悪い冗談《じょうだん》としか受け止めず、「僕が初めてと言ったけど、ほかにも相手がいたんだろう」と言い出しましたが、彼女の真剣《しんけん》さに、ついには検査を受け、感染が確認できました。

その後、新しい恋人ができた彼は「嫌われるかもしれない」と思ったものの、ウソはつきたくなかったので、HIVに感染していることをうちあけます。「治療もしているし、あなたへの感染を予防する努力は極力《きょくりょく》する。けれど感染リスクはゼロにはならない。そんなのは嫌だというならあきらめる。でも許《ゆる》されるならあなたと生きていきたい。できるなら子どももほしいと思っている」と。

それを聞いた彼女は声もなく立ち去ってしまいましたが、2週間後、「きちんとおつきあいしましょう」と連絡がありました。「うちあけてくれてありがとう。私を大事に思ってくれていることがわかった。私も前につきあっていた人がいたけど、予防なんて気にしていなかった。だから私にHIVがあってもおかしくない。そんなことはありえないとたかをくくっていただけ。あなたを好きになって大事な人だと思ったのはHIVとは関係がない。むしろ感染を知っているからこそ真剣に将来のことや子どものことも2人で考えていける」と言ってくれたそうです。

その後2人は結婚して、子どもも生まれました。彼女も子どもも感染していないことがわかると、彼は前の彼女に会いにいきました。別れた男のためにわざわざ会いにきて必死で訴《うった》えてくれた彼女は、自分たち親子3人のいのちの恩人だからです。

そんな彼の話を聞いて、彼女も「生きていてよかった。HIV感染がわかってから人生にはもういいことはないだろうと思っていたけれど、私ももう一度恋愛したい」と思ったそうです。

ここに登場した人たちからは、多くのことが学べると池上さんは言います。失敗は人生につきものだけれど、それが人生の終わりではないこと、人は失敗から立ち上がる力を持っていること、失敗しうる人間同士として支えあうことが大切なこと。そしてなにより、HIVと共に生きる人は、学びを伝えてくれる貴重な仲間だということ。

こうして経験を伝えてくれたことに感謝したいと思います。

ムを正しく使うことなのです。

——セックスするのって、なんだか面倒《めんどう》。

考えてみてください。セックスをする相手とは非常に濃密な接触をします。面倒で当たり前です。単に感染症だけのことではありません。どんな人とセックスする関係になるのか、つまり付き合うのかは、あなたのライフスタイルや趣味《しゅみ》、ものの考え方などに大きな影響力《えいきょうりょく》を持つものです。大人になって人生をともに歩んで行こう、と思う相手もセックスをする関係です。まさに人生を左右する間柄《あいだがら》、そして、新しいいのちを生み出すパートナーにもなるのです。

次に、妊娠のリスクについてお話ししましょう。

妊娠のしくみは第1部でお話ししましたが、性交はもともと生殖のための行為でしたから、セックスをすると妊娠する可能性があります。将来、あなたが赤ちゃんが欲しいと思ってセックスすることがあるとしても、まだまだ先のことだと思います。それまではセックスをするときはいつでも妊娠を予防する（避妊《ひにん》する）必要があります。

日本では避妊の方法はコンドームが一般的です。精子を膣内に出さないようにして妊娠をふせぐ方法です。

避妊の方法はこのほかに、ピル、ＩＵＤ（子宮内に入れる避妊リング）やペッサリーなどがありますが、いずれも成人向きです。膣の中の精子を殺す避妊フィルムや膣錠《ちつじょう》などもありますが、コンドームと一緒に使って効果を高めるためのもので、単独で使うものではありません。

――ピルを飲んでいてもコンドームが必要なの？

必要です。ピルを毎日欠かさず飲んでいると妊娠することはありませんが、飲み忘れが1日でもあれば妊娠することもあります。さらに重要なことは、コンドームを使用しないと、性感染症に無防備になってしまうことです。

ピルについて簡単に説明しておきましょう。

ピルは女性が服用する避妊薬です。毎日飲みつづけることでホルモンの働きをコントロールし、排卵《はいらん》しないようにするものです。ピルを飲んでいる間は排卵は起こりませんから、いくら精子が卵管《らんかん》までたどりついたとしても、卵子がいないので受精卵ができない、つまり妊娠することはありません。

ピルを飲んで排卵を抑《おさ》えると、月経《げっけい》もなくなると思っている人もいるようですが、ピルを飲んで抑えられるのは排卵で、月経はあります。ピルは28日周期《しゅうき》で飲むようにつくられているので、月経は28日周期で確実に起こります。

ピルは医師による処方が必要です。コンドームとちがって普通の薬局やコンビニでは買えません。

ところで、卵子は排卵から1日しか受精できないことから、排卵予定日の前後数日ずつだけ受精する可能性があると考え、それ以外を妊娠しない「安全日」と思っている人もいます。けれども、避妊のためには排卵予定日の前後数日だけコンドームを使えばいいと考えるのは間違いです。排卵日はズレることもありますから妊娠の可能性があります。そして、性感染症が予防できないことは言うまでもありません。

また、射精の直前《ちょくぜん》にペニスを膣から出して射精する膣外射精《ちつがいしゃせい》、いわゆる「外出し」が、AVなどで必ず見られます。膣の中で射精しないので、避妊法と思っている人もいるようですが、射精前の分泌液にも精子が存在しますから、避妊法とは言えません。それにお腹や顔に精液をまきちらすのは、相手の女性にとって楽しいことではないはずです。もちろん、性感染症の予防もできません。

ここまで、性感染症と妊娠のリスクについてお話ししてきました。そのどちらの予防にも有効なのがコンドームです。安価で手に入りやすく、体への負担もほとんどなく、どちらのリスクも大幅に下げられます。

――コンドームって、そんなにすごいの？

そうです。ただし、コンドームは正しく使わなければなりません。コンドームを使うのは、粘膜や分泌液との接触を避けて性感染症の感染を防ぎ、精子を腟の中に入れないで妊娠を防ぐためです。つまりペニスから出る分泌液や精液をすべて確実にコンドームの中にとどめておかなければ意味がありません。少しでも漏《も》れればせっかく着けても、効果がなくなってしまいます。

正しい使い方を説明しましょう。

ペニスが勃起したら、相手の性器に接する前に、初めからコンドームを着けます。

個包装《こほうそう》の袋から出すときは、コンドームを片方に寄せて反対側の端《はし》を指で破《やぶ》り、切れ端の部分は完全に袋から切り離《はな》します。中途半端《ちゅうとはんぱ》に残っているとコンドームを出すときに傷をつけることがあります。

性感染症と妊娠のどちらの予防にも
コンドームが有効

①

コンドームを端《はし》に寄せてから袋を開ける。
切れ端部分は完全に切り離《はな》す

②

コンドームの表面を上にして、
爪《つめ》を立てずに精液だめの空気を抜く

③

コンドームを亀頭《きとう》にのせ、もう片方の手でペニスの皮を根元《ねもと》までたぐり寄せる

④

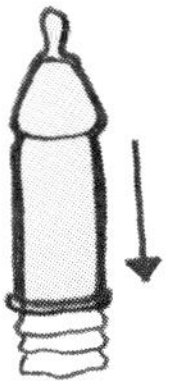

コンドームを途中まで巻きおろす

⑤

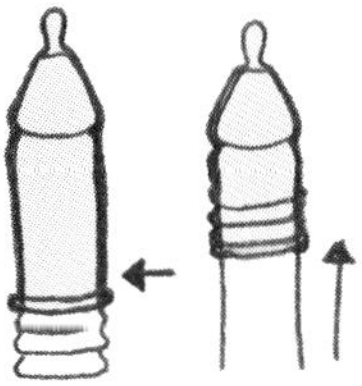

かぶせた部分を亀頭方向に
ひっぱりあげる

⑥

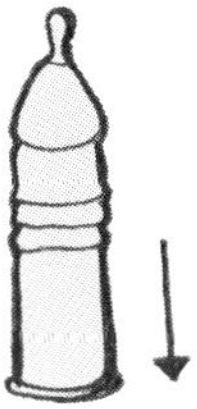

根元で余っていた皮を伸ばして
コンドームを根元までかぶせる

⑦

射精したら、ペニスの根元でコンドームを押さえながら膣《ちつ》からペニスを抜く

⑧

コンドームは精液が漏《も》れないように
縛《しば》って生ゴミとして処理する

2重にすると破れやすくなるので NG!

コンドームには表裏《おもてうら》があります。巻き込んであるほうが表です。表裏を確認してから表《おもて》面《めん》を上にして、コンドームの先端の精液だまりの部分を指で軽くおさえて空気を抜きます。空気が入ったまま着けると、使用中に破れる危険性があります。爪《つめ》を立てて傷をつけないように気をつけます。

そのまま亀頭の上に置いて、もう片方の手で勃起したペニスの皮を根元《ねもと》まで引っ張り下げ、余った皮を根元に集めます。その状態でコンドームをゆっくり両手の指でペニスの途中までおろします。根元に余っている皮にはコンドームをかぶせません。

次にコンドームをかぶせた部分を亀頭方向に引っ張り上げて、根元で余っていた皮を伸ばすようにしてからコンドームの残りの部分を根元までかぶせます。こうすることでコンドームがはずれにくくなります。

これで装着完了です。

射精したら、すぐにコンドームの根元を押さえながら、精液が漏れないように膣からペニスをゆっくり抜きます。射精のあとペニスは小さくなりますから、そのままにしておくと、コンドームから精液が漏れてしまいます。

コンドームをペニスからはずし、精液が漏れないように縛《しば》って捨てます。トイレには流さないで。

――難しそう。

慣《な》れないと難しいかもしれません。コンドームはドラッグストアやコンビニで売っています。あなたが男性なら、マスターベーションのときに練習しておくと、相手のあるセックスをするときに困らなくていいでしょう。コンドームを買いに行くのは恥ずかしい？　ちょっと厳しいことを言うようですが、コンドームを買うのが恥ずかしいようなら、まだセックスする資格はないと思ってください。コンドームを正しく使うことは相手に対する最低限のエチケットです。

現実の問題として、無防備なセックスをするかぎり、性感染症に感染してしまう可能性も、妊娠してしまう可能性もゼロではありません。たった1回のセックスで感染するときもあれば、妊娠してしまうこともあります。

性感染症の場合は治療すればいいのですが、問題は妊娠してしまった場合です。

――そうなったらすごく困る！

予期《よき》しない妊娠はセックスのリスクの中でも大変に大きな問題です。そんなことは起こってほしくないですが、たとえコンドームを使用していても、失敗して妊娠してしまうこともあります。ですから、そうなったときどうすればいいのか、お話しします。

月経が遅れている、避妊に失敗したかもしれない、あるいは無防備なセックスをしてしまったなど心当たりがある場合は、できるだけ早く市販の検査薬《けんさやく》で検査してください。尿をかけてすぐに判定できるものがドラッグストアで買えます。次の月経予定日の1週間後から判定可能です。妊娠検査薬を買うのは勇気がいるでしょうが、もし妊娠していたら、お腹の胎児が成長していきますから、ここが最初のがんばりどころです。

妊娠検査薬で陽性《ようせい》が出たら、できるだけ早く産婦人科を受診してください。本当に妊娠しているかどうかは産婦人科で検査しなければわかりません。そして、妊娠しているのが確かだったら、すぐにいちばん信頼できる大人に相談してください。ひとりで悩んで時間が経ってしまうと、お腹の中の赤ちゃんはどんどん大きくなってしまいます。

相談するのは親でなくてもいいのです。保健室《ほけんしつ》の先生、親戚《しんせき》……誰か心当たりはないですか？　まわりに相談できる大人がいない場合、あるいは必要な情報が欲しいとき、サポートしてくれる団体もあります。都道府県などの自治体で予期せぬ妊娠についての相談窓口を設けているところもあります。巻末に窓口のリストをあげておきます。

予期しない妊娠をしてしまったらひとりで悩まないで信頼できる人に相談すること

とにかく、ひとりで悩まないで、信頼できる人や相談窓口から、予期せぬ妊娠をした場合、どんな選択肢《せんたくし》があるのか、それぞれについて正しい情報や経験談などを聞いてください。そして、サポートしてもらいながら、自分の気持ちにも向き合って、最終的にはよく考えて自分自身で決断してください。十分に考えたうえで決断することは、後悔《こうかい》をのちのち引きずらないことにつながります。

繰り返しますが、予期しない妊娠というとても大きな、とても困った問題に直面していて、しかも考える時間はかぎられているのです。サポートと情報が必要です。そうでなければ、納得のいく決断もできるわけがありません。そして、困ったあなたを助けてくれる人がいるのです。

——でも、産めないんだから中絶しかないんじゃないの？

中絶はやらないほうがいいのは確かですが、赤ちゃんを産むという選択ができない場合、妊娠の継続を無理にすすめることはできません。現実にはどうしても中絶しなければならない場合もあるでしょう。ただし、自分では育てられなくても産むという選択肢もありますから、よく考えて決めることが大切です。

もし、中絶を選択しなければならないのなら、そのことだけで、身体的、精神的なダメージは計り知れません。ですから、くれぐれも、そのうえ罪悪感を抱いてさらに自分を傷つけるようなことはしないでください。

そして、どうか、誰にも相談せずにひとりで悩んで、きちんとした医療機関でないところで中絶してしまうことだけはしないでください。確かな医療機関で中絶手術《ちゅうぜつしゅじゅつ》を受けた場合は、後遺症《こういしょう》の心配はほとんどありませんが、そうでないところでいい加減な処置《しょち》を受けると、後遺症のリスクがあります。

友だちの誰かが妊娠してしまったとき、大人に知られないように、周囲の友だちがこっそりカンパを集めてどこかの病院で処置してしまう、ということも聞きますが、よかれと思ってやっていても、これは大変に危険なことです。もしも、あなたがカンパを求められたら、「カンパじゃなくてちゃんと親や信頼できる大人に相談してごらんよ」と言ってほしいのです。

中絶手術について説明しておきましょう。

人工妊娠中絶《じんこうにんしんちゅうぜつ》の手術ができる期間は「母体保護法《ぼたいほごほう》」という法律で決められています。妊娠11週（妊娠3ヵ月末）までを初期中絶、妊娠12週〜21週（妊娠6ヵ月半ば）までを中期中絶と言います。妊娠22週以降になると、どんな事情があっても人工妊娠中絶は行えません。

妊娠の週数の数え方は最終月経を基準にします。いちばん最後の月経の1日目がスタート日ですから、くるはずの月経がこなければそこでもう妊娠4週（妊娠2ヵ月の初め）ということです。早く妊娠を確認して早く相談しなければならないのは、ぐずぐずしていると、中絶手術のできる時期が過ぎてしまうこともあるからです。

くるはずの月経がこなければ その時点で妊娠2ヵ月の初め

初期中絶は、麻酔《ますい》をして、子宮の入り口をひろげて鉗子《かんし》を使って子宮の中身を掻《か》き出す掻爬《そうは》という方法です。掻爬にかかる時間は10〜20分ほどで、2〜3時間で麻酔がさめてふらふらしていなければ帰ることができます。中期中絶は薬で陣痛《じんつう》を起こして人工的に流産《りゅうざん》（死産《しざん》）させる方法で、3〜5日の入院が必要です。妊娠12週以降の胎児《たいじ》は死亡届けを出し、埋葬《まいそう》することが法律で決められています。

初期中絶、中期中絶ともにメスでお腹を切る手術ではありませんから、体の外に傷は残りませんが、中期中絶は痛みもあって時間もかかります。母体への負担も大きくなります。中絶が避《さ》けられないなら、できるだけ早いほうが身体的にも精神的にも傷が少なくてすみます。

中絶手術は「母体保護法指定医《ぼたいほごほうしていい》」と法律で指定された医師のいる病院、診療所で受けます。健康保険は適用されませんから、初期手術で15万円程度、中期手術で30万円程度の費用がかかります。中絶手術は体に影響がないわけではありませんが、妊娠できなくなるという後遺症はまれです。ただし、手術後の経過が悪いと流産や早産《そうざん》を起こしやすい体質になることもありますから、手術後も指定された通りに診察を受けることが大切です。

中絶は精神的な影響も大きく、意識的にしても無意識にでも心にずっと残ることがあります。決して望ましいことではありませんが、失敗や後悔することがあるのも人生です。よく考えた末に出した結論なら、それなりに気持ちの整理もつけやすいはず。そして、同じ失敗を繰り返さないようにすることがなにより大事です。

3 性暴力ってどんなこと?

――性暴力《せいぼうりょく》ってレイプのこと?

それだけではありませんが、性暴力と聞いてまず思いうかぶのはレイプという言葉だと思います。レイプというと、夜道などで女の人が突然《とつぜん》男に襲《おそ》われて、脅《おど》されたり殴《なぐ》られたりして無理やり犯《おか》される、というようなイメージがあるのではないでしょうか? 犯人は凶悪《きょうあく》な犯罪者《はんざいしゃ》で、なんとなく日常生活とは別世界の出来事という感じがします。そして、そんな強姦魔《ごうかんま》にあわないために、女性は、夜道をひとりで歩かないなど気をつけているのだ、というイメージもあるかもしれません。

たしかに、暗い夜道で女性が襲われる事件もあります。けれども、性暴力はもっと身近なところでも起きています。

こんな調査結果があります。

全国の20歳以上の女性（1751人）のうち7・6％が異性から無理やりに性交された経験がありました。そしてその相手は「よく知っている人」が61・9％、「顔見知り程度の人」が14・9％、「まったく知らない人」が17・2％でした（左ページのグラフ参照）。被害にあった女性の約8割が、夫や交際相手《こうさいあいて》（元夫や元交際相手の場合も含む）や、職場《しょくば》やアルバイト先、学校での知り合いなどから被害を受けていました。加害者の多くを占めるのは、いわば普通の人たちなのです。

そして、被害にあったことで「心身に不調《ふちょう》をきたした」「異性と会うのが怖くなった」「自分が価値のない存在になったと感じた」「夜、眠れなくなった」「外出するのが怖くなった」「仕事（アルバイト）をやめた・変えた」「引っ越しをした」など、被害を受けた女性の63・4％に生活上の変化がありました。

――夫とか交際相手でも、性暴力になるの？

もちろんです。一度セックスしたことがあるから、あるいは、つきあっているから、夫婦だからといって、いつでもセックスしたいとはかぎりません。セックスは人間同士のも

性暴力の加害者の多くが
普通の顔見知りの人たち

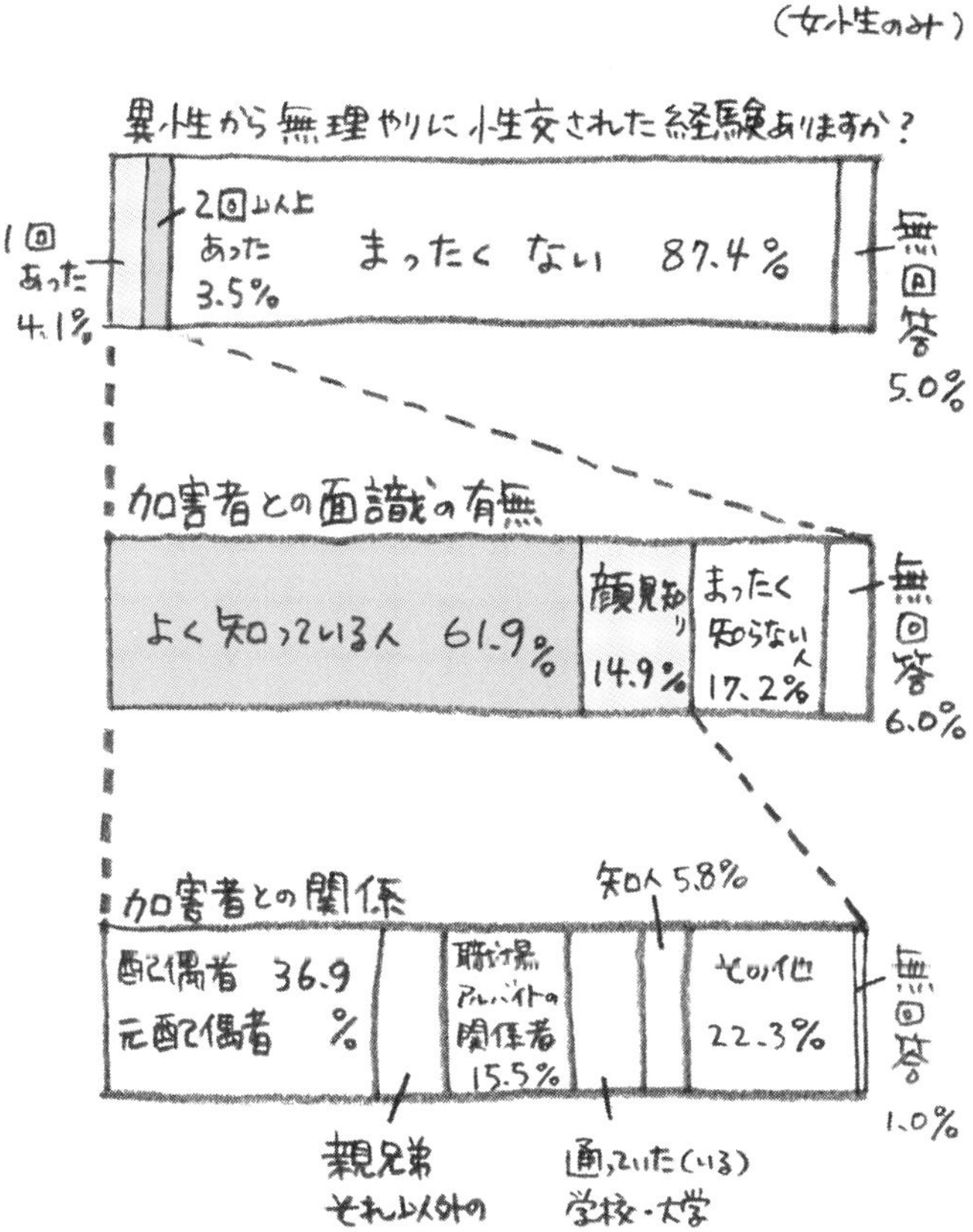

内閣府男女共同参画局 2012 年「男女間における暴力に関する調査」報告書より作成

っとも親密な接触ですから、たとえ親しい間でも相手が嫌がっているのに無理やりすることは、される側にとっておぞましく、屈辱的《くつじょくてき》で、ときに恐怖《きょうふ》さえ感じて、心身に大きな傷を残すものです。

性暴力のほとんどが加害者は男性、被害者は女性で、この調査では、「異性から無理やりに性交された経験」については女性だけを対象にしています。ですが、第2部でお話ししたように性のあり方はさまざまですから、性暴力の関係もさまざまに存在します。被害者が男性のことも、女性が加害者の場合もあります。もちろん、男女間だけに限りません。いずれの場合でも被害者が心身ともに大きな被害を受けることに変わりはありません。

この調査では、異性に無理やりに性交された経験のある人に、被害にあった時期も聞いています。「20歳代」が35・1%でもっとも多く、ついで「中学卒業から19歳まで」が20・1%、つぎに「30歳代」が14・2%となっています。

性暴力は「凶悪な犯罪者」だけが引き起こす事件なのではなく、日常生活の場にも潜《ひそ》む危険です。ですから、あなたの身近でも起こるかもしれません。将来、あなたが被害者あるいは加害者になることだって、あるかもしれないのです。

――そう言われても、ピンとこないけど……。

それも無理はありませんが、決して関係ないとは言えないのです。

２００３年に高校生（主に東京都内）を対象に行われた「高校生の性暴力被害実態調査《せいぼうりょくひがいじったいちょうさ》」（１９５ページのグラフ参照）によると、「無理やりセックスをされそうになった」ことがある女子は13・２％、男子は２・７％、「無理やりセックスをされたことがある」のは、女子５・３％、男子１・５％でした。両方をあわせると、女子18・５％、男子４・２％。女子の場合５人にひとり近くにのぼります。そして、いずれの場合も加害者は「恋人」「知り合い」「友だち」が多いのです。

恋人同士のような親しい間の性暴力は、知らない人に突然襲われるレイプと区別して、デートレイプと呼ばれています。

ところで、主に高校生（一部大学生）を対象に２００６〜０７年に行われた別の調査では、交際相手に「性的なことを無理強《むりじ》いしたことがある」のは男女あわせて12・１％でした。それに対して、「性的なことを無理強いされた」のは、男女あわせて約２倍の25・６％。性暴力をした側（男性が多い）とされた側（女性が多い）の間で認識のズレがありました（アウェア「デートDVに関して若者のもつ意識調査結果報告」より）。

学校現場で臨床心理士《りんしょうしんりし》として活動している野坂祐子さんによると、デートレイプ加害者の男子生徒たちには、暴力をふるっているという自覚《じかく》がなく、「愛情表現としてやっている」とか「そうしなければいけないと思った」「それが普通」「みんなしている」などと言うことが多いのだそうです。

野坂さんは、このようなデートレイプを、「性的な場面では男性がリードしなければならない」という社会的な思い込みを男子生徒自身も思い込んでいることから起こる「意図《いと》しない加害」だとしています。そして、女子の側にも「性的なことは男性にリードしてもらうもの」という社会的な思い込みがあることも一因《いちいん》だと指摘《してき》しています。

他にも、デートレイプの背景には、次のような思い込みが挙《あ》げられるでしょう。

・セックスとは少々強引にするものだ
・女性は初めは嫌がっても、次第にセックスを楽しむようになる
・ほんとうに嫌なら最後まで抵抗するはずだ
・男は性欲があるから仕方がない
・愛しているならセックスするのは当然
・愛しているなら、性的な求めに応じるべき

「性的な場面では男性がリードすべき」という思い込みがデートレイプの一因

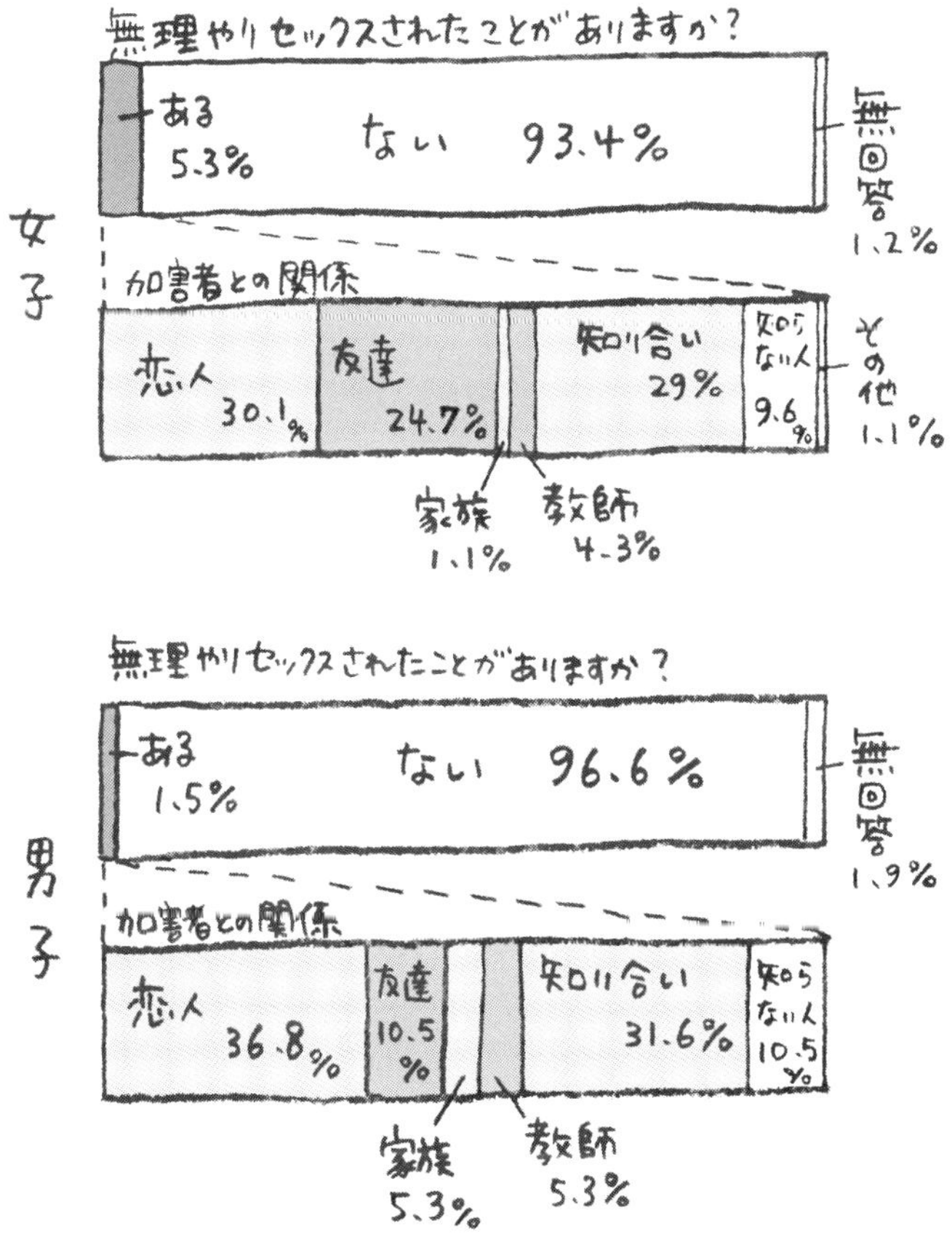

財団法人女性のためのアジア平和国民基金
「高校生の性暴力被害実態調査」（2004年3月発行）より作成

など。

言うまでもありませんが、これらの思い込みはすべて間違っています。ＡＶなどのアダルト情報もこれらの思い込みを発信していることは、先にお話ししましたね。

また、覚えておいてほしいのは、コンドームを着けないことも性暴力だということです。どうしてかわかりますよね？　性感染症や妊娠の危険をともなうことを強要するのは、相手に対しての大きな暴力です。「愛しているならコンドームはいらない」「決まった相手ならコンドームをする必要はない」というのはなんの根拠《こんきょ》もない、非常に危険な思い込みです。

――間違った思い込みがあるからデートレイプが起こるの？

無意識のうちにこれらの思い込みがプレッシャーとなって、男性の暴力的な行動につながっているという面はあるでしょう。

あなたが男性なら、加害者にならないためには、間違った思い込みにさらされていることを自覚して、自分自身の行動をコントロールすることが重要だということを覚えておいてください。欲望を自制することも必要です。そういう意味では、女性に比べて荷が重く、なかなか苦労が多いかもしれません。

嫌がることを無理にしない、ということができればデートレイプは起こらない

デートレイプの加害者にならないためには、また、被害者にならないためには、難しく考える必要はありません。2人ともが「したい」と思ったときだけ、コンドームを使ったセックスをすればいいのです。とてもシンプルなことです。それを難しくしているのが、間違った思い込みだとも言えます。

けれども、たとえ間違った思い込みがあっても、目の前の相手を尊重《そんちょう》する、嫌がることを無理にしないという、人間関係において基本的なことがブレなければデートレイプは起こりません。そして、性暴力の被害者が負うあまりに大きな傷を考えれば、加害者にならないことは自分自身にとっても大切なはずです。

レイプ被害者の心身への影響について、お話ししなければなりません。

レイプにあったとき、被害者は乱暴《らんぼう》な扱いを受けて身体的な傷を負うこともあります。性感染症や妊娠の危険にもさらされます。当然、強い恐怖を感じます。

そして、次のようなさまざまな身体的、精神的反応が被害のとき（直後）だけでなく、何ヵ月、ときには1年以上経ってから突然表れたり、何年にもわたってつづきます。

・フラッシュバックや悪夢《あくむ》で被害を再体験《さいたいけん》する
・痛みや寒さ、空腹などをあまり感じなくなる

・感情がわかなくなったり、物事への関心がなくなる
・夜寝られなくなる
・いつもびくびくしてちょっとしたことで驚《おどろ》く
・怒りっぽくなる
・「どうして逃げられなかったのだろう」と自分を責める
・自分を価値のない存在だと思う
・世の中や他の人が信じられなくなる
・集中力がなくなって無気力《むきりょく》になる

などの心身の反応に苦しめられるほか、頭痛や腹痛、心臓の動悸《どうき》や過呼吸《かこきゅう》など身体的な不調が表れることもあります。

そして、学校や職場に行けなくなったり、加害者と同性の人に恐怖を感じたり、恋人やパートナーと性的な関係が持てなくなることもあります。PTSD（心的外傷後《しんてきがいしょうご》ストレス障害）を発症する人も多く、ほかにうつ病やパニック障害、アルコール依存症《いぞんしょう》などを発症する場合もあります。

さらに、レイプ被害の場合は、周囲の人の無神経《むしんけい》な発言や、よかれと思っての言葉などによってさらに傷つけられます。「セカンドレイプ」や「二次被害《にじひがい》」と呼ばれています。

デートレイプでも被害者にこんな反応が起こるの？

起こります。相手が誰でも、被害者の受ける傷は変わりません。

被害にあったときにできることをお話ししましょう。

万一あなたが被害にあってしまっても、あなたにはなんの落《お》ち度《ど》もありません。被害にあったのはあなたのせいではないのです。それを忘れないでください。そして、できるだけ早く信頼できる大人に相談してください。72時間（3日）以内であれば、緊急避妊用《きんきゅうひにんよう》ピルがありますから、100％ではありませんが、妊娠を防ぐことができます。

ただし、たとえ信頼できる大人でも、動揺《どうよう》するあまりあなたを責《せ》めたり、あなたの言うことを信じられないこともあります。性犯罪被害者《せいはんざいひがいしゃ》の相談窓口に連絡をとればサポートしてもらえます。巻末に窓口を紹介しておきます。あるいは、各都道府県の警察には専門の相談窓口があります。110番に電話をかけて、「性犯罪被害について相談したい」と言えばまわしてくれます。被害者をケアするための窓口ですから、そこに電話すること＝事件になるのではありません。

もし、あなたの恋人や友だちがレイプ被害にあったときは、決して責めないで、被害者

性犯罪の被害にあってしまったら大人か窓口にできるだけはやく相談すること

の話を聞いてください。あなたもきっと大変なショックを受けて、信じたくない気持ちや加害者への怒りが沸《わ》いてくることでしょう。でも、被害者のためには、自分の気持ちは出さないで。性犯罪被害者のための窓口では被害者の家族や友人の相談にも乗ってくれます。

――ものすごく重い話……。

性は身体的にも精神的にももっともプライベートな部分です。そこが侵《おか》されると心身のあちこちに影響が出るのは当然です。

また、性暴力はレイプに限りません。次のようなことも、性暴力となります。

- 性的なからかいや嫌がらせを言う
- 体についてからかう
- 裸《はだか》や性器を見せる
- 体を触《さわ》る（もちろん痴漢《ちかん》も含まれます）
- AVやアダルト雑誌を無理やり見せる
- 携帯《けいたい》電話に性的な画像を送る

など。

相手が望んでいないのに、性的なことを言ったり、性的なものを見せたり、体を触ったりすることはどんなことでも性暴力です。どんな性暴力でも、被害者への心身の影響は大きく、回復には時間がかかります。

ところで、なんらかの性暴力（言葉によるものからレイプまですべて含む）の被害にあったことがある高校生は、3年生の女子では70%、男子でも35%にのぼるという調査結果があります。見過ごされがちですが、男性も性暴力の被害にあっています。

――男子でも被害にあうの？

当たり前ですが、男性でも性的なからかいには傷つきますし、体に触られたり、自分が望まないのに性的なものを見せられたり、されたりするのは嫌なのです。「男は性暴力の被害にあうはずがない」という思い込みから、自分で自分を強く責めてしまったり、被害にあっても周囲の人にわかってもらえず、男性の性暴力の被害者はより孤立しがちだといいます。

セックスは本来すばらしいものです。けれども、それを自分勝手に他の人に押しつければひどい暴力にもなり得るのだということだけは覚えておきましょう。もちろん、こんな暴力の加害者にも被害者にも、あなたにはなってほしくありません。

けれど大丈夫。この章ではちょっと怖い話をしてきましたが、あなたが加害者になることは確実にくいとめられます。そのためには自分勝手な生き方でない、自制心を持った生き方ができる人間になることです。あなたは、被害者がどんなに苦しむかをこの本で読んできたのです。誰かにそんなにまで辛い思いをさせる犯罪者になりたくない、と今、思っているでしょう。そのことを忘れなければ大丈夫。性欲は抑えられないもの、なんてウソなのです。

また、あなたがたとえ被害者になったとしても、暴力を受けた側に責任などありません。あなたの人格が否定されたのではないのだということを忘れないでください。辛《つら》い経験をくぐりぬけてすばらしいパートナーを得た人もたくさんいます。

あなたが加害者にも被害者にもなりませんように。そう強く願っています。

性暴力の被害にあっても
人格は否定されない

4 セックスって怖いもの？

――セックスって怖いことがいっぱい。

ある意味、その通りです。お金儲けの手段《しゅだん》にしたり、面白半分にからかったり、一方的に自分の欲望のはけ口にしたときには、ものすごく醜《みにく》く、恐ろしい暴力にもなり得るのがセックスなのです。あなたにはそんなセックスに関わってほしくありませんし、そんなセックスは最悪の場合、人生をだいなしにしてしまうことも知ってほしかったので、あえて、怖いこともお話ししてきました。けれど、セックスは〝怖いもの〟なのでしょうか？

答えは「ＮＯ」です。

性感染症、望まない妊娠、性暴力と、とても深刻で重い話をしたのは、セックスは危険なものだから近づくなと脅すためではありません。性のリスクについて理解し、予防方法を知っておくことが、将来あなたが「すてきなセックス」をするために必要なことだからです。

では、「すてきなセックス」とは何なのでしょう？　それは求めあう人と人が、お互いを大事に思い、慈しみあうときに生まれるセックスです。私たちのいのちが、他者とともに生きたいと願うようにつくられていることは、進化の歴史を見つめる中でお話ししてきました。人間という生物にとってこれは不変の、もっとも根源的な欲求です。ですから、セックスは〝怖いもの〟というより〝すてきなもの〟と言うほうがずっと本質を言いえているのです。

当然でしょう？　セックスが危険でおぞましくて近づかないほうがいいもの——なんてことになったら、いのちは新たに生み出せません。それはその種のいのちの絶滅を意味することになります。そんなはずはありません。セックスは他者とともにつくりあげる最高に幸せなもののひとつなのです。

けれども、背中あわせに怖い面も持っているとすれば、本当に「すてきなセックス」をするためには、やはり、体だけが成熟《せいじゅく》するのではなく、人として精神的にも成熟しないと無理です。以前、卒業目前の6年生にこの話をしたとき、ある女の子が「私はセックスっていやらしいものだと思って今までその話を聞きたくなかった。でも早く、セックスを〝す

セックスは“怖いもの”というより“すてきなもの”

ばらしい〟と思えるような大人になりたいな」と言ってくれました。私はとても嬉しくなりました。きっとその子はすてきな女性になるにちがいありません。

セックスが〝すばらしい〟と思えるためには、自分がたくさんの人のたくさんのいのちに支えられて生きていることを自覚していること、まわりの人と連帯《れんたい》した生き方をめざしていること、他者を理解し、思いやりの心を持っていること、それらの力がどうしても必要なのです。

――どういうこと？

あなたにつながるいのちが、どうやって生きのびてきたのか、思いだしてください。まだ単純な単細胞生物だったいのちが大きな一歩を踏み出したのは、自分にはない能力を持つ別な生命ミトコンドリアと共生することから始まりました。そして、生き残るための戦略として、他の個体と共同で、次の世代を残すという性のしくみを獲得しました。いのちにとって、自分とはちがう存在こそかけがえのないものなのです。

そして、地球上のいのちは、どんな小さな生きものもふくめ、ただひとつとして孤立して生きてはいません。すべてのいのちが生命活動をとおして互いに影響しあって、生きる環境を作り出しているのです。

こうしたタテ・ヨコのつながりの中で生かされているのだ、と自覚したとき、セックスがいやらしいものだなんて思うはずがありません。

逆に言えば、体だけが大人に近づいたからといって、セックスをする資格があると思うのは早いぞ、ということです。何歳になればいい、というような年齢的なことを言っているのではありません。若くても精神的に成熟している人もいますし、年を重ねてもあきれるような精神年齢の人もいますから。でも、自分でジャッジするなら、自分に厳しいくらいがちょうどいいかもしれませんよ。

そんなことを考えさせてくれるエピソードを紹介しましょう。

以前、ＨＩＶ感染者やエイズ患者を支援する活動をしている人から話を聞いたことがあります。彼は性のリスクについて正しい知識を持っていたにもかかわらず、高校生のときに初めてセックスしたときに、その知識を活かすことができなかった、とご自身の体験を話してくれました。具体的にはコンドームを着けることができなかった、と言うのです。その重要性も必要性も十分理解していたはずなのに。

彼はしみじみと繰《く》り返《かえ》して言いました。「とくに若いうちは、性のことは少なくとも1年に1度は真面目《まじめ》に学んだほうがいい。知っているからもういいというのでなく、心に何回も刻《きざ》まなければ実践《じっせん》できない」と。そして、相手の女性に申し訳ないことをした、と言っておられました。

コンドームを使わないでセックスをした場合、性感染症や望まない妊娠への不安がどうしてもつきまといます。とくに女性がその不安を抱えることが多いことを彼は理解していたのですね。本当に相手を思いやる心があれば、コンドームなしで……ということはあり得ない、とご自分を反省していたわけです。

――セックスするには愛だけじゃダメということ？

ダメなんです。「セックスは愛している人同士がする」と言うことはできるでしょう。でもそれは、「愛しているならセックスする」と同じことではありません。「愛している」ことと「セックスする」ということをぴったりくっつけて考えることは、ときに危険です。だって「愛しているならセックスして当然」と、相手にセックスを強要《きょうよう》してしまうことになりかねません。でも、愛するというのは、体も心も相手のすべてを慈しみ大切に思うことです。「セックス」を「男性が射精する性交」というとらえ方しかできず、愛＝セックス＝性交などという単純な考えしか持てないのだとすれば、精神的成熟はまだまだなのだと思ったほうがよさそうですね。残念ながら、私たちの社会にはこういうばかばかしくも幼稚《ようち》な思い込みが存在しているのですが。もし、「愛＝セックス＝性交（男性が射精すること）」だとすれば、愛には「男性が勃起して射精すること」が不可欠になってしまいます。

でも、そんなセックスは実は愛の中のほんの一部分でしかないのです。相手を慈しむ行為の中では、男性がいつでも必ず勃起するとは限りません。そしてもちろん、男性が勃起しなくても（＝性交しなくても）セックスすることは可能です。慈しみあう行為としてのセックスに、性交（と射精）はなくてもいいのです。

たとえば、男性がなんらかの障害で勃起しなくなっても、肌を触れあい、ぬくもりを伝えあい、愛撫しあって、性的にも精神的にも満たされるセックスはできます。女性やインターセックスなどで勃起する機能がない人でも同じです。いつもは勃起する男性だって勃起しないですてきなセックスをすることはできるのです。

セックスとは肌のふれあいを通して2人の結びつきを確かめあうもっとも親密なコミュニケーションのひとつなのです。それができたとき、勃起の有無に関係なく、セックスは性的にも精神的にも本当にすてきなものになるのです。

肉体的・精神的に成長すれば
セックスはすばらしいものになる

——ぜんぜんわからない。

今すぐにはわからなくていいのです。セックスとは2人で少しずつつくりあげていくもの。いきなりすてきなセックスができるわけではありません。まずは、心も体も成熟して、ちゃんと相手を思いやれる、自分のこともわかる、そういう人間になってください。そこまで自分を育てていけば、あなたのセックスが本当にすてきなものになるのは保証します。

さらにつけ加えるなら、若いあなたには想像できないかもしれませんが、性は若い人たちだけの問題ではありません。性、そして愛とは、私たちが長く、おそらくは死ぬまでつきあっていくものです。年齢に応じて性の形も変わるかもしれないし、歳をとれば心のつながりに比重《ひじゅう》はうつっていくかもしれません。それでも、たとえ形は変わっても、つながりを求めて触れあう気持ちは同じなのです。

それは、性とは自分がいのちとしてまっとうに生きていくことだからなのでしょう。

性はもともとは生殖のための役割分担でした。もとはひとつだったものを2つに分けて、次の世代が生き残るための手段としての性という形ができたのでした。だから人間は自分とはちがう相手を求め、一緒になって安心することを求めるのです。他者も大切だからお互いを思いやって生きていくことが性なのです。自分本位のものでも、お金儲けのためのものでもないし、隠さなければならないようないやらしいものでもありません。

だから、あなたが性に興味を持つのは当然だし、知りたければ正しいことを知るべきです。そして、ふざけ半分でなく話しあえる人と話してほしいと思います。性のことは、誰彼かわまず大声で話したり、下品な冗談《じょうだん》にしたりすることではありませんが、また、タブーにすることでもありません。あなたの体や心を大切にしてほしいからこそ、セックスのことも正しく知っていてほしい。そう思って私は知りうる限りのことをお話ししてきたつもりです。正しい情報を知り、まっすぐ考え、人間として肉体だけでなく精神的にも成長してください。そのときのあなたの性行動は、きっといやらしいものではなく、すばらしいものになっているはずです。そういうふうに自信を持ってもらえたら嬉しいです。

自分ひとりで生きるのではなく、他者とよりそいあい、認めあい、ともに生きることのすてきさがわかる人になりますように。そう、あなたもいつの日か本当に深く人を愛し、愛される人になってほしい。そう願っています。

いのちは不思議です。不思議に満ちています。だからこそすばらしいのです。いつか必ず死すべき存在である私たち。それでも死の瞬間《しゅんかん》までやはり誰かとともに支えあっていのちを輝かせていきたいと思います。

性のリスクについてのコミュニケーション

セックスのリスクを話しあうことについて、興味深いエピソードがあります。

性科学者の池上千寿子さんが教えている大学で、クラスの学生（男女80人くらい）にセックスのリスクと行動について簡単な調査をしたときのことです。

男女とも「性感染症予防については話しにくい」という回答が多かったそうです。男女のちがいがはっきりでたのは、「自分が感染予防の話を切りだしたら相手にどう思われるか」という質問でした。

女性の5人にひとりが、「感染予防のためにコンドームの使用を女性から依頼《いらい》すると、相手（男性）の自分に対する印象が悪くなる」と答えました。ところが、男性では「相手（女性）からコンドームを使うよう依頼をうけたら相手への印象は悪くなる」と答えた人はひとりもいませんでした。相手への印象は「変わらない」が圧倒的《あっとうてき》に多く、むしろ「よくなる」と回答した男性もいました。けれども、男性側の印象が「よくなるだろう」と想像する女性はひとりもいなかったのです。

セックスのリスクと予防について話しにくいのは、性感染症はたくさんの人とセックスする人がなるもの、という間違ったイメージがあるからかもしれません。そのうえ、「話したらこう思われるだろう」という思い込みに邪魔《じゃま》されて、実際には2人で話し合えないでいることがうかがえます。

そしてその思い込みは、例によって間違っているのです。間違った思い込みのためにお互いに誤解したままなんて、もったいない！　思い込みよりも、実際の相手のほうが、ずっと聡明《そうめい》かもしれないのです。思い込みをとっぱらって、あなたと相手の2人、素《す》の状態で話ができる、そんな関係を築いてほしいと思います。

おわりに

私は子どものころはどちらかというと理科や数学は苦手でした。社会も専門家ではないし、まして性教育の専門家などではありません。そんな私がどうしてこんな本を書くことになったのでしょう。人生って面白いですね……。

面白いといえば、子どもたちと学ぶ小学校の教室というものは面白いものですよ。子どもたちの好奇心は旺盛《おうせい》で、そんな心にぴったり応えられるような授業ができたときは、子どもだけでなく教師にとっても楽しいものです。私は子どもたちが学んだことをもとにそれぞれが考えを広げていくのを見ているのが大好きです。テストの出来、不出来なんていうのはあんまり気にしません。むしろ授業中にどのくらいひとりひとりが深く考えているか、どんな討論ができたか、そちらに興味があります。だから、授業後、子どもたちが自由に書いたノートを読んだり、子どもの作文を読むのも大好き。正解があるからではなく、ひとりひとりが友だちの考えをうけいれながら、何をつかみ、どんなことを考えているのかということに価値を感じるからです。

そんな私ですから、本当は子どもたちと一緒にすてきな文学作品を読んで、みんなでその感想を話し合ったり、感動を共有したりする授業がいちばん心地よいのです。

　でも、私は気がつきました。子どもたちが知りたいことは国語、算数、理科、社会……というように割りきれるものばかりではないということ。子どもたちが「自分はいったい何なのか、どこから生まれてまた死んだらどうなるのか」ということを知りたがっているということ。

「ねえ、教えて」「知りたい」

　この本を書くことになったのは、そんな思いにきちんと向きあおうと思って授業をつくってきたことの積み重ねにすぎません。

　私は、子どもたちが「知りたい」といういのちの不思議さへの数々の疑問に答えたいと、必死に調べて授業してきました。私はこの授業を「いのちの授業」と呼んでいます。でも、いのちのことは調べても調べてもわからないことが多く、そんなときには「私もわからない、どうしてなんだろうね。でもすごいね」などと一緒になって不思議がるだけという、ちょっと頼りない教師でした。

　でも、そんな頼りない私の授業をたくさんの子どもたちが支持してくれました。子どもたちだけではありません。日々、一生懸命《いっしょうけんめい》子育てをしている保護者の方々も支持し、エールを送ってくれました。子どもたちが「知りたい」と思うことに大人はきちんと誠実に応えるべきだという姿勢を支持してくれたのだと思っています。

どうして私が「いのちの授業」をはじめることになったのか、振り返ってみたいと思います。

学生のころはまさか自分が小学校の先生になるとは思ってもみませんでした。遊ぶ一方だった私ですが、中学のとき転校を経験し、このとき出会った友だちが優しく教えてくれて、勉強をするようになりました。そして大学に入ったのですが、軽い気持ちではじめたボランティアで、障がいを持つ子どもたちと出会います。それは、自分の原点となるような忘れられない出会いでした。子どもたちは、真摯《しんし》に遊ばないかぎりまったく相手にしてくれません。子どもたちのすごいパワーに打ちのめされ、そして素晴らしさに強く惹《ひ》きつけられたのです。

けれど、この子どもたちは社会の中ではとても生きづらいという現実を背負っていることにだんだん気がつき、私は悩むようになりました。彼らが幸せに安心して生きていくためにはどうすればいいのだろう？　彼らだけが社会に適応する訓練を受ければそれでいいのだろうか？　と。

そして、悩んだすえ、普通教育の場から障がいを持つ子たちを受け入れていくという視点が必要だという答えにたどりついたのです。
そんなことから教員となると、そこで、もうひとつの出会いがありました。

現在では東京シューレというフリースクールを主催されている奥地圭子さんとの出会いです。新卒で教師になったその年、当時公立小学校の先生をされていた奥地さんの講座を聴きに行ったのです。そのとき奥地さんが実践《じっせん》されていた授業こそが、私の『いのちの授業』のベースです。そして、その講座に来ていた7~8人（学童クラブの先生や助産師さんや主婦の方などいろんな人たち）で意気投合して、その後に「いのち」についての研究会を立ち上げました。

毎月の研究会では、水俣《みなまた》（水俣病という公害は知っていますか？）で有機農業をしている人に話を聴いたり、サケの放流をしている人の話を聴いたり（生まれた川に戻ってくるサケが生きる環境を考えました）、生物学者の話を聴いたり、いろいろなことを「いのち」という観点で勉強しました。小学校の教員として私は、「生きる」とか「死ぬ」という根源的なことを子どもたちは知りたがっている、と、いのちについて子どもたちと考える授業をやっては、研究会で報告しました。

カリキュラムにはありませんし、今にして思えば私も若くて生意気でしたから、まわりの先生たちに迷惑《めいわく》をかけたと思います。けれども、この授業をすると、いつも、子どもたちとつながれたという気持ちになりました。「どんなことを聞いてもいいんだ」と子どもたちが思ってくれる、そんな信頼関係が生まれるのです。お父さんとお母さんの仲が良くないというような、言いにくい相談をしてくれた子どももいました。

小学生でも性的なことを笑い話にしたり、卑猥《ひわい》な冗談《じょうだん》で男の子たちが笑いころげて、女の子たちが嫌な思いをするようなこともあります。でも、「いのちの授業」をすると、子どもたちはそういうことをぴたりとやらなくなります。いのちのことは人間として大事なことだから、ふざけることでもなんでもない、というムードができるのです。

私の学校では、今では「いのちの授業」に、他の先生方も取り組んでくれるようになりました。もちろん、自分流にアレンジして。すると、その先生の個性でとってもすてきな授業になるのです。

それは、きっと性のことだけを教えるのではなく、人間がどう生きるか、先生というひとりの人が、人として大事なことを子どもに伝えたい、という思いがあるからだと思います。生きるということを見ていくと、いのちのつながりに目を瞠《みは》ります。ここに生かされていることの重みに気づき、不思議でわからないことを一緒に学んで考えていく授業だから、子どもたちとつながれるのだと思います。

こうして、「いのちの授業」をつづけて、いつの間にか30年経ちました。

私は若い人たちに自分に誇《ほこ》りを持ってほしいと思います。ここに生まれただけで奇跡的であるひとりひとりが、自分のいのちを輝《かがや》かせ、知りたいと思うことを知り、やりたいと思うことをやれる人間になってほしいと思います。そんな人間は、きっとたくさんの人と力を合わせて連帯して生きていくことができるだろうと思います。そして、そんな生き方こそ、「いのちの本質を貫く生き方だ」と、38億年の生命の歴史が証明している道だと思うのです。

あなたがあなたらしく生きられますように。

自分の存在に誇りを感じられますように。

そう祈ってペンを置きます。

http://api-net.jfap.or.jp/phone_consult/list.html

エイズ予防情報ネットのHPでは、全国の検査・相談窓口、NGO紹介のほか、エイズに関するさまざまな情報を紹介しています。

http://api-net.jfap.or.jp/

http://api-net.jfap.or.jp/i/（携帯電話から）

● HIV検査・相談マップ

全国の検査機関、関連情報を紹介しています。

http://www.hivkensa.com/

http://www.hivkensa.com/i/（携帯電話から）

●国立《こくりつ》国際《こくさい》医《い》療《りょう》研究《けんきゅう》センター病院　エイズ治療・研究開発センター

HIVやエイズの基《き》礎《そ》知《ち》識《しき》や治療情報、拠点病院などを紹介しています。

http://www.acc.ncgm.go.jp/accmenu.htm

● HIVマップ　すぐに役立つHIVの総合情報サイト

HIVについての情報、各種情報のナビなど。

http://www.hiv-map.net/

相談窓口・情報サイト

性に関してひどい目にあったり助けが必要なとき、相談できるところがあります。NPOなどの民間団体や、都道府県や市などの行政機関、社会に必要な活動として認められた公益財団法人などが運営していて、もちろん無料で相談できます。これらは、社会に必要なこととして、困難な立場におかれた人のサポートをする機関です。困ったときは、ひとりで悩まないで相談し、必要な情報やケアを受けてください。

思春期の性のこと

●思春期・FPホットライン

電話相談　**03-3235-2638**

月〜金 10:00 〜 16:00（祝日を除く）

エイズのことが気になったら……

●エイズ予防情報ネット

電話相談　フリーダイヤル **0120-177-812**

月〜金 10:00 〜 13:00、14:00 〜 17:00（祝日を除く）

（携帯電話からは **03-5259-1815** 携帯電話の場合は有料）

http://api-net.jfap.or.jp/phone_consult/

各地域の電話相談リストはHPに掲載されています。

●大阪府　大阪府立母子保健総合医療センター 0725-51-7778

月〜金 10:00 〜 16:00（祝日除く）

http://www.ninshinsos.com/（PC サイト）

vninshinsos.com/m/（携帯サイト）

●静岡県　しずおか妊娠 SOS 055-941-5006

水・土 13:00 〜 17:00

下記サイトからメールでの相談もできます。

http://www.s-ninshin-sos.jp/

●鳥取市　望まない妊娠相談 0857-36-0506

月〜金 8:30 〜 17:15（祝日、年末年始を除く）

下記サイトからメールでの相談もできます。

http://www.city.tottori.lg.jp/www/contents/1332323045052/

●熊本県　女性相談センター 妊娠とこころの電話相談 096-381-4340

（妊娠・出産や思春期の性に関する悩みをもつ女性からの相談）

平日・土 9:00 〜 20:00（12:00 〜 13:00 を除く）

http://www.pref.kumamoto.jp/soshiki/34/zyosei.html

●大分県　おおいた妊娠ヘルプセンター フリーダイヤル 0120-241-783

水〜日 11:30 〜 19:00（年末年始を除く）

メール：ninsin-783@sage.ocn.ne.jp

面接：産婦人科医師による相談（予約制）・専任助産師による相談（随時）

http://www.pref.oita.jp/soshiki/12200/ninsin783.html

予期しない妊娠をしてしまったら……

●日本助産師会　子育て・女性健康支援センター

各都道府県の「子育て・女性健康支援センター」の電話番号は、

日本助産師会の HP で見ることができます。

http://midwife.or.jp/general/supportcenter.html

＊ HP に記載されている相談内容には予期しない妊娠は書かれていませんが、対応しているそうです。

日本助産師会代表：03-3866-3054（この番号は相談窓口ではありません）

都道府県や市町村などの予期せぬ妊娠を含む妊娠相談窓口

●茨城県　すこやか妊娠ほっとライン 029-221-1124

月～金　10:00 ～ 18:00（祝日、年末年始を除く）

http://www.kids.pref.ibaraki.jp/kids/16398/

●石川県　妊娠 110 番 076-238-8827

月～土　9:30 ～ 12:30　火　18:00 ～ 21:00（祝日、年末年始を除く）

メール：preg-110@pref.ishikawa.lg.jp

http://www.pref.ishikawa.lg.jp/kosodate/05boshi/funin-soudan/ninshin110soudan.html

●三重県　予期せぬ妊娠「妊娠レスキューダイヤル」090-1478-2409

月・水　15:00 ～ 18:00　土　9:00 ～ 12：00（祝日、年末年始を除く）

http://www.kosodate.pref.mie.lg.jp/rescue/rescue.htm

●性暴力を許さない女の会

電話相談　06-6322-2313

火　19:00 ～ 21:00

http://no-seiboryoku.jimdo.com/

●ウィメンズセンター大阪　サチッコ

SACHI (Sexual Assault Crisis Healing Intervention) 子どもセンター

電話相談　06-6632-0699

水～日　14:00 ～ 20:00

http://homepage3.nifty.com/wco/moyoosi/sachikko.html

●性暴力救援センター・さが（さが mirai）

（地方独立行政法人佐賀県立病院好生館内）

電話相談　0952-26-1750

月～金　9:00 ～ 17:00（祝日を除く）

●佐賀県立男女共同参画センター（アバンセ）女性総合相談窓口

電話相談　0952-26-0018

火～土 9：00 ～ 21：00　日・祝 9：00 ～ 16：30

月曜が祝日の場合は翌火曜は休み

●全国犯罪被害者支援ネットワーク

性暴力被害者や傷害事件被害者をサポートする組織のネットワークです。

各都道府県の支援センターは下記HPに載っています。

http://www.nnvs.org/list/

性暴力の被害にあってしまったら……

●性暴力救援センター東京（SARC 東京）

24 時間ホットライン　**03-5607-0799**

性暴力被害にあった女性のための急性期対応の相談機関

http://mobilesaq-en.mymp.jp/

● SACHICO 性暴力救済センター・大阪

24 時間ホットライン　**072-330-0799**

女性の安全と医療支援ネット（阪南中央病院内）

http://homepage3.nifty.com/wco/sachico/

●東京・強姦救援センター

電話相談　**03-3207-3692**

水 18:00 ～ 21:00　土 15:00 ～ 18:00（祝日を除く）

http://www.tokyo-rcc.org/center-hp-home.htm

●レイプ クライシス センター TSUBOMI

電話相談　**03-5577-4042**

月～金 14:00 ～ 17:00（祝日は除く）

下記HPよりメールでの相談もできます。

http://crisis-center-tsubomi.com/

面接相談、法律相談、付き添い相談、交流会なども。

川松泰美《かわまつやすみ》

1961年生まれ。

早稲田大学第一文学部卒業。

公立小学校教諭を経て明星学園小学校教諭。

子どもたちの「知りたい」に応える「いのちの授業」にとりくみつづける。普通教科の授業では作文教育に力を入れている。教職のかたわら劇団「創芸」で長年演劇活動に参加、学校演劇部の顧問も務める。

中学生の質問箱
生まれてくるってどんなこと？
あなたと考えたい生と性のこと

発行日　2013年3月19日　初版第1刷

著　者　川松泰美
編　集　山本明子（平凡社）
構成・編集　市川はるみ
発行者　石川順一
発行所　株式会社平凡社
〒101-0051 東京都千代田区神田神保町3-29
電話　03-3230-6583（編集）
03-3230-6572（営業）
振替　00180-0-29639
平凡社ホームページ http://www.heibonsha.co.jp/
装幀＋本文デザイン　坂川栄治＋坂川朱音（坂川事務所）
DTP・編集協力　柳裕子
印刷・製本　中央精版印刷株式会社

ISBN978-4-582-83614-1
NDC分類番号370　四六判（18.8cm）　総ページ224
乱丁・落丁本のお取替えは直接小社読者サービス係までお送りください（送料は小社で負担します）。